나의 길,
나의 천로역정

최철규 지음

나의 길, 나의 천로역정

ⓒ 생명의말씀사 2021

2021년 8월 31일 1판 1쇄 발행

펴낸이 | 김창영
펴낸곳 | 생명의말씀사

등록 | 1962. 1. 10. No.300-1962-1
주소 | 서울시 종로구 경희궁1길 6 (03176)
전화 | 02)738-6555(본사) · 02)3159-7979(영업)
팩스 | 02)739-3824(본사) · 080-022-8585(영업)

지은이 | 최철규

기획편집 | 서정희, 정설아, 장주연
디자인 | 박소정, 윤보람
인쇄 | 예원프린팅
제본 | 정문바인텍

ISBN 978-89-04-16759-3 (03230)

저작권자의 허락 없이 이 책의 일부 또는 전체를
무단 복제, 전재, 발췌하면 저작권법에 의해 처벌을 받습니다.

나의 길,
나의
천로역정

contents

들어가는 글 _ 고마운 사람들과 나누고 싶은 이야기 / 7

Part 1   나의 길을 아시는 하나님

1. 지금, 어디로 가고 있는가? **멸망의 도시** / 15
2. 그의 성산에서 응답하시는도다 **사망의 음침한 골짜기 (1)** / 23
3. 십자가 언덕 **구원의 담** / 33
4. 세상 반, 교회 반, 무늬만 크리스천 **분별** / 41
5. 마음 밭의 짬통을 비우다 **회개** / 49
6. 아내와의 만남 **믿음과의 동행** / 57
7. 당신은 예수님의 의를 덧입은 의인입니다 **무지** / 67
8. 어머니의 책 **좁은 문** / 79
9. 저마다 불씨를 가지고 산다 **해석자** / 89

Part 2   나를 단련하신 하나님

10. 좌절의 화살에 맞서다 **아볼루온과의 결투** / 101
11. 꿈에서 본 『천로역정』 **동굴에서 꾼 꿈** / 113
12. 0원 계약서 **기쁨의 산** / 121
13. 그물에 걸릴 뻔하다 **아첨꾼** / 129
14. 궁금해야 그분께 묻게 된다 **해석자의 집** / 137
15. 매간다이저 **절망의 수렁** / 145

16. 우연이란 없다 **도움** / 151
17. 내 방에 살던 거인 **절망의 거인** / 159
18. 정말 길이 있을까? **고난의 언덕** / 167

Part 3 길은 계속된다

19. 할머니 안에 있는 작은 보물 **작은 믿음** / 175
20. 배고픔 속에서 피어난 믿음 **의심의 성** / 183
21. 한몫 챙겨 편하게 가고 싶지 않은 사람이 어디 있을까
    데마의 유혹 / 191
22. 진심으로 알게 되면 피 흘리기까지 싸운다
    사망의 음침한 골짜기 (2) / 201
23. 상처를 치유하는 가정예배 **병기 창고** / 207
24. 고난의 언덕은 거칠고 차갑다 **뻴라의 땅** / 215
25. 아빠와 짜장면 **격정과 인내** / 223
26. 갑자기 생긴 일 **마법의 땅** / 231
27. 아직, 끝나지 않았다 **불을 보존하시는 은혜** / 237
28. 걷고 또 걸으면 **천성** / 245

나가는 글 _ 존 번연 박물관에서 날아 온 메일 / 252

들어가는 글

고마운 사람들과 나누고 싶은 이야기

2019년 2월 『만화로 읽는 천로역정』이 출간되고 생각지도 못한 방송 출연과 삶을 나누는 간증 집회로 바쁜 일상을 보내고 있었다. 그러다가 몇 달 뒤, 출판사로부터 한 통의 전화를 받았다.

"작가님, 안녕하세요."

"네…."

짧은 인사를 나눈 뒤 본론으로 들어갔다.

"작가님, 이번에는 작가님의 이야기를 단행본으로 만들어 보면 어떨까요? 단순한 간증 스토리보다 말씀의 힘이 얼마나 강력한지를 작가님의 목소리로 고백하는 글이라면 더할 나위 없이 좋겠습니다."

글밥 책을 낸다는 것이 쉽지 않겠지만, 해보겠다고 말하고 전화기를 내려놓았다. 그리고 몇 달이 지났다. 책상에 편히 앉아 글을 쓸 겨를도 없이 바쁘게 지냈다. 그런데 2019년 말부터 시작된 코로나19가 한국 땅에 창궐하기 시작하면서 나의 일상도 바뀌었다.

모든 게 멈춘 것만 같았던 2020년 어느 날, 출판사로부터 또 한 통의 전화를 받았다. 작년에 제안한 단행본을 진행하고 있느냐는 전화였다. 쉬운 작업이 아니기에 은근슬쩍 포기하려고 했는데, 다시 걸려 온 전화에 용기를 내어 펜을 들었다. 나는 아내에게 말했다.

"여보, 이 단행본은 진짜 만들어야 하는 책인가 봐. 무엇을 담아내야 할까?"

아내는 곰곰이 생각해 보더니 이런 의견을 주었다.

"다른 책도 많은데 이 책을 꼭 써야 하는 목적이 무엇일까? 목적을 정해 놓은 다음, 거기에서 벗어나지 않도록 쓰면 되지 않을까?"

"그래, 맞아. 나는 나를 통해 일하신 하나님의 이야기를 쓰고 싶어. 내 인생은 덤으로 사는 인생이잖아. 그러니 삶에서 일어난 소소한 이야기를 따뜻하게 전하는 건 어떨까?"

"좋은 생각이다. 그런데 당신이 드러나는 게 아니라 하나님이 드러나시면 좋겠어."

"그러게…. 하나님은 내가 이 책에 무엇을 담아내길 원하실까?"

"글쎄…. 함께 고민하면서 기도해 보자."

　나의 인생에서 일하신 하나님의 이야기를 『나의 길, 나의 천로역정』에 담아내고 싶었다. 이 책을 읽는 분들에게 내가 믿는 하나님을 자랑하고 싶었다. 코로나19와 고난으로 움츠러든 마음에 따뜻한 온기를 불어넣고, 바쁜 일상에서 잠시 고개를 들어 하늘을 바라보는 여유를 갖게 하고 싶었다. 특별히 이 책에는 『만화로 읽는 천로역정』을 만드는 동안 하나님이 나를 어떻게 도우시고 인도하셨는지, 그 은혜의 현장을 집중해서 기록했다. 거친 파도처럼 고난이 나를 덮치려 할 때마다 하나님은 언제나 나와 함께하셨다.

『만화로 읽는 천로역정』을 집필한 6년의 기간은 『천로역정』에 등장하는 수많은 인물이 또 다른 나의 모습임을 깨닫게 한 시간이었다. 나는 하나님 아버지 앞에서 '고집'과 '변덕'을 부린 자였으며, 말만 앞세운 '수다쟁이'였다. 가난에 허덕일 때는 '철창 안에 갇힌 남자'처럼 절망의 눈물을 흘린 자였고, 겉으로는 용기 있는 척하지만 실제로는 '겁쟁이'와 다름없는 신앙인이었다.

하나님은 이런 나를 고난을 통해 다듬어 가셨다. 천성을 향해 가는 길에서 우리는 부서지고 깨어지지만, 그 고난 가운데 하늘로부터 부어지는 은혜를 누리며 진정한 크리스천으로 다듬어져 간다.

작은형은 나에게 이런 말을 해주곤 했다.

"철규야, 너는 흑진주야. 흑진주는 눈에 쉽게 띄지 않아. 눈에 띄지 않아 귀하지. 언젠가 너의 가치를 알아주는 날이 올 것이다."

언제부터인가 나는 이 말을 가슴에 품고 혼자 있을 때면 불쑥 이렇게 중얼거렸다.

"내가 흑진주인데, 언제쯤 알아주겠노?"

세상에 붙들려 스스로의 가치를 발견하지 못한 채 사라질 뻔한 나의 인생에 하나님 아버지가 찾아오셨다. 하나님이 일하신 소소한 이야기들과 내 삶에 깊이 새겨 놓으신 흔적이 얼마나 많은지 모른다.

나만 흑진주일까? 아니다. 예수님의 의를 덧입은 모든 사람이 흑진주다. 흑진주는 이 땅에서 어떻게 살아야 할까? 발견되든, 발견되지 못하든 상관없다. 흑진주인 우리는 저 하늘을 향해 걷고 또 걸어야 한다. 그렇게 하늘을 향해 걸어가는 사람을 순례자라고 한다.

순례자는 이 땅에서 잘 먹고 잘사는 것으로 만족하는 사람이 아니라, 비록 헐벗고 굶주리더라도 그 길을 하나님 아버지의 손 잡고 한 걸음, 한 걸음 내딛는 자라고 생각한다. 하나님이 함께하시면 우리는 전부를 가진 것이다. 반대로 이 땅에서 이름을 내고 잘 먹고 잘산다고 하더라도 하나님이 계시지 않다면 전부를 잃은 것이다.

예수님을 만났다면, 그때부터는 세상과 구별된 순례자로 살아가야 한다. "믿는다"는 말만 앞세우는 것이 아니라, 믿는다면 행해야 한다. 온전히 믿으면 행한다. 행함의 열매를 맺는 것이 하나님이 원하시는 삶의 모습이다.

『천로역정』의 저자 존 번연(John Bunyan) 또한 그러한 삶의 모습을 강조했다. "행함의 삶을 살아라. 순례의 좁은 길을 걸어가라. 너의 본향은 이 땅이 아니다. 하나님이 계신 곳으로 걸어가라."

이 땅에서 하나님을 향해 걸어갈 때, 우리는 언젠가 죽음 앞에서 이렇게 고백할 것이다.

주여 주는 대대에 우리의 거처가 되셨나이다(시 90:1).

아직 나의 천로역정은 끝나지 않았다. 나는 현재 『만화로 읽는 천로역정 2부』를 그리고 있다. 멸망의 도시에 남겨진 크리스천의 가족과 이웃들이 한 공동체가 되어 수많은 고난을 뚫고 천성을 향해 가는 이야기를 다루고 있다. 끝까지 경주하여 2부도 잘 완성할 수 있기를 간절히 소망한다.

『나의 길, 나의 천로역정』을 쓰기까지 선한 길로 인도해 주신 하나님 아버지께 깊은 감사를 드린다. 하나님의 도움 없이는 아련한 기억들이 강물 너머로 떠내려가 나의 이야기가 이렇게 글로 기록되지 못했을 것이다. 글을 쓸 기회를 주신 출판사, 나에게 응원을 보내 주는 페이스북 친구들, 그리고 나를 위해 항상 기도해 주는 사랑하는 가족들과 교회 식구들에게도 감사를 전한다.

만화가 최철규

Part 1

나의 길을
아시는
하나님

"지금 나는 거세게 짓누르는 무거운 짐 때문에 미쳐 버릴 것만 같소. 더욱이 머지않아 우리가 살고 있는 이 도시가 하늘에서 쏟아지는 불길에 타서 잿더미로 변하고 멸망할 것이라는 경고도 받았소. 살아남기 위해서 다른 피할 길(아직 나도 그 길이 어떤 길인지 모르지만)을 찾지 못한다면, 당신과 나뿐만 아니라 사랑하는 아이들까지도 비참하게 죽을 수밖에 없소." *

* 일러두기

본서의 「천로역정」 본문은 「쉽게 읽는 천로역정」(생명의말씀사)의 내용을 사용했습니다.

1

지금, 어디로 가고 있는가?
멸망의 도시

1999년에 개봉된 「13층」이라는 영화를 보면, 근대 철학의 창시자 데카르트(Descartes, 1596-1650)가 남긴 이 명언으로 시작한다. "나는 생각한다, 고로 존재한다." 이 영화를 다 보고 나니 이런 생각이 들었다.

'내가 살아가는 이 세상이 현실일까? 나 또한 가상 세계 속의 사람은 아닐까?'

정말 우리가 사는 세상이 실재일까?

어릴 적 집 앞에는 기찻길이 있었다. 그 기찻길로 통일호 열차가 다녔다. 기찻길 맞은편에는 기와집들이 다닥다닥 붙어 있었다. 기와집 사이로 세 개의 골목이 있었는데, 그 두 번째 골목에 우리 집이 있었다. 당시에는 기찻길 주변에 담장이 쳐 있지 않아 사람들이 기차에 치이는 사고가 종종 일어나곤 했다. 사고가 잦아서인지 부모님과 동네 어르신들은 내가 기찻길에서 친구들과 놀 때면 꼭 주의를 주곤 하셨다.

큰형과 작은형이 등교하고 나면, 집에는 할머니, 나, 그리고 5살 된 여동생만 남았다. 경찰공무원이셨던 아버지는 일찌감치 출근을 하셨고, 어머니는 기도와 전도를 하러 매일같이 교회에 가셨다. 내게는 기찻길이 놀이터였다. 기차 레일 위에 귀를 대고는 저 멀리서 기차가 달려오는 소리가 들리면 과연 몇 분 뒤에 기차가 도착할지 알아맞히는 놀이를 했다.

기찻길 옆에는 작은 도랑이 나 있었다. 그 도랑은 고만고만한 동네 녀석들의 담력 시험 장소였다. 중랑천으로 내려갈수록 도랑의 둑 사이가 많이 벌어진 곳이 나왔다. 그곳을 뛰어넘으면 진정한 고수로 인정해 주었다. 큰형과 작은형은 언제나 나비처럼 날아 벌처럼 착지했다. 나도 따라서 도전했지만, 매번 도랑물에 빠지기 일쑤였다. 하수구 냄새를 잔뜩 풍기며 집에 들어가면 어머니에게 꾸지람을 듣곤 했다.

도랑을 죽 따라 올라가다 보면 버스 종점까지 가는 일이 있었다. 그곳은 우리 동네의 풍경과는 사뭇 달랐다. 요즘 말로 도회적인 곳이라고나 할까? 국민(초등)학교 2학년 어린 나이에 이런 생각을 했다.

'저 기찻길 끝에는 어떤 세상이 있을까? 저 건물과 언덕 나무숲 뒤로 어떤 세상이 펼쳐져 있을까?'

내가 넘어가 보지 못한 세상을 보고 싶었다. 그래서 돌아오는 토요일 오후에 바로 그 세상을 보러 가기로 마음먹었다.

당시에는 '반공일'이라 하여 토요일 오전에도 학교에 갔다. 토요일이 되자 방과 후 일찍 집에 와 할머니가 차려 주신 점심을 먹고 코스모스가 만개한 기찻길을 따라 걷기 시작했다. 한참을 걸어 그 길 너머에 있는 세상을 보았다. 그곳에는 대형 목재소가 있었다. 성인 키보다 더 큰 톱으로 나무를 자르고, 재단된 나무를 검은 기름이 가득한 벙커시유에 묻혀 철길 버팀목을 만드는 곳이었다. 그 광경이 하도 신기해서 넋을 놓고 구경했다.

그렇게 한참을 보다가, 더 멀리 있는 세상을 보고 싶어 기찻길을 따라 계속 걸어 나갔다. 1시간 정도 걸었을까. 4층 집과 5층 집이 눈앞에 보였다. 우리 동네는 대부분 기와집이었으므로 그 높은 집은 나에게 큰 충격을 주었다.

'저런 곳에서 실제로 사는 사람이 있구나!'

나는 또 기찻길을 따라 걸어갔다. 건물은 나오지 않고 넓은 논밭만 보였다. 1시간가량을 걸었는데, 간간이 맞은편에서 걸어오시는 어르신들 몇 분 말고는 아무도 보이지 않았다.

노랗게 익은 벼들이 고개를 푹 숙인 들녘 사이로 기찻길이 곧게 뻗어 있는 풍경은 마치 동화 속 한 장면 같았다. 일정한 간격으로 심긴 단풍나무가 붉다 못해 검붉게 계속 이어졌고, 고추잠자리가 여러 마리 날아다녔다. 그렇게 풍경에 취해 계속 걸어 나갔다. 능선 사이로 석양이 지고 있었다. 해가 산 중턱에 걸리자 온 세상이 붉은빛으로 아름답게 보였다.

가던 길을 멈추고 붉게 물든 세상을 한참 바라보다가, 지금까지 걸어왔던 길을 되돌아보았다. 너무나 까마득히 멀리 왔다는 생각에 불안한 마음이 들기 시작했다. 그렇게 아름답게 보이던 풍경이 점점 어둠으로 변해 가자 공포감으로 다가왔다.

　그때에는 가로등이 많지 않았다. 칠흑 같은 어둠 속에 고립된 채 밤하늘의 별들을 바라보니 집이 그립고 어머니가 보고 싶었다. 집으로 되돌아가기 위해 다시 기찻길을 따라 걷는데, 저 멀리 어둠을 뚫고 기차가 뒤에서 경적을 울리며 달려왔다. 황급히 기찻길에서 내려와 도랑을 따라 걸었다. 한 취객이 병나발을 불며 걸어오는 모습이 보이자 무서워서 갈대밭 속으로 몸을 숨겼다. 그가 지나간 후에야 집으로 돌아오는 걸음을 재촉할 수 있었다.

　길이 어두워서 헤매다가 자갈에 걸려 넘어져 옷이 찢어지고 무릎이 깨져서 피가 났다. 오직 밤하늘의 별들만이 나를 위로하듯 반짝이고 있었다. 집으로 가야 한다는 생각에 발걸음이 더욱 빨라졌다. 드디어 집 앞 골목길 가로등이 보이자 굵은 눈물방울이 두 뺨을 타고 흘러내렸다. 대문을 열고 "엄마!" 하면서 들어가 보니, 온 집 안에 환하게 불이 켜져 있고 한바탕 난리가 나 있었다. 점심을 먹고 내가 사라지자 가족들과 동네 사람들이 나를 찾기 위해 온 동네를 샅샅이 뒤지고 있었던 것이다.

　벌써 야간 통행금지 시간을 훌쩍 넘어 버린 때였다. 안절부절못하던 아버지는 경찰 제복을 갈아입지 못한 채 마당 한가운데 서 계셨고, 다른 경찰관 아저씨들까지 집에 와 계셨다. 어머니는 나를 보자마자 소리를 버럭 지르셨다.

"여태 어디 갔었어?"

나는 울먹이며 대답했다.

"기찻길 너머에 뭐가 있나 궁금해서 가 보고 왔어."

　나의 말을 들은 어머니는 내 등을 때리기 시작하셨다. 집에서 항상 쓰시던 회초리로 종아리에 줄이 가도록 맞았다. 그렇게 맞아 울고 있을 때, 나를 찾아 돌아다녔던 형들이 집에 왔다. 아버지는 동생이 어디 갔는지도 몰랐다면서 형들을 나무라시고, 훈육 때 쓰시던 부러지지 않는 향나무로 형들에게 줄 빠따를 놓으셨다.

　나의 기찻길 너머 세상은 그렇게 막을 내렸다. 어머니는 찢어진 내 옷을 벗기시고, 큰 통에 물을 받아 목욕을 시켜 주셨다. 깨진 무릎과 벌겋게 부은 종아리에 약을 문지르며 어머니는 조용히 우셨다. 지금도 어머니가 약을 발라 주시던 그날 밤이 그립다.

하나님 아버지께서 계신 나라는 마치 그런 어머니의 품 같은 곳이 아닐까? 서두에 언급한 영화 「13층」에서 주인공이 현실이라고 믿고 있던 삶의 장소가 알고 보니 가상 세계였다는 반전이 나온다. 나에게도 그런 일이 일어난 것만 같았다. 우리는 말씀을 통해 창조주이신 하나님을 만날 때가 있다. 나는 이에 대해 '인식'이라는 단어를 쓰고 싶다. 하나님이 말씀을 통해 이렇게 물으셨다.

여호와 하나님이 아담을 부르시며 그에게 이르시되 네가 어디 있느냐 (창 3:9).

정신을 차리고 보니, 그 순수한 9살 꼬마는 온데간데없고 말초신경을 자극하는 그림을 그리는 성인 만화가가 되어 있었다. 머리를 질끈 묶고 한 선, 한 선 혼을 담아 그리는 나에게 말씀이 메아리쳐 울렸다.
"네가 어디 있느냐?"
어머니가 나에게 약을 발라 주며 우시던 그날 밤이 떠올랐다.
'맞아, 내가 가야 할 곳은 어머니가 계신 곳인데….'
그 어둠이 짙게 내리던 기찻길에서 내가 돌아가야 할 곳이 어딘지 알았듯이, 어두운 고난을 겪고 나서야 내가 가야 할 곳이 어디인지 알았다. 그곳은 어머니가 계신 곳, 나의 본향 하나님 나라였다.

『천로역정』의 주인공 '크리스천'의 본명은 '무자비', '은혜 없음'인데, 하나님의 은혜를 입자 '크리스천'이라는 이름으로 바뀌게 된다. 나 또한 하나님의 은혜로 비로소 크리스천이라는 이름을 갖게 되었다. 자신의 길을 알고 묵묵히 그 길을 걸어가는 사람을 성경에서는 이렇게 기록한다.

> 이 사람들은 다 믿음을 따라 죽었으며 약속을 받지 못하였으되 그것들을 멀리서 보고 환영하며 또 땅에서는 외국인과 나그네임을 증언하였으니 그들이 이같이 말하는 것은 자기들이 본향 찾는 자임을 나타냄이라(히 11:13-14).

어머니가 약을 발라 주실 때 나는 알았다. 어머니가 나를 많이 사랑하신다는 것을 말이다. 어머니가 계신 본향은 분명 어머니의 품 같은 곳일 것이다. 본향을 향해 발을 내딛는 크리스천들에게 이 두 가지 질문을 던지고 싶다.

"당신은 지금 어디에 있습니까? 당신은 지금 어디로 가고 있습니까?"

> 그들이 이제는 더 나은 본향을 사모하니 곧 하늘에 있는 것이라 이러므로 하나님이 그들의 하나님이라 일컬음 받으심을 부끄러워하지 아니하시고 그들을 위하여 한 성을 예비하셨느니라(히 11:16).

골짜기를 다 지나니 이제 또 다른 골짜기가 있었다. 사망의 음침한 골짜기(The Valley of the Shadow of Death)라 부르는 곳이었다. 하나님 나라로 가는 길은 그 골짜기 한가운데 나 있었다. 크리스천은 그곳을 비켜 갈 수 없는 상황이었다. 골짜기는 매우 음침했다. 그 골짜기는 선지자 예레미야가 묘사한 대로 "광야 곧 사막과 구덩이 땅, 건조하고 사망의 그늘진 땅, 사람이 그곳으로 다니지 아니하고 그곳에 사람이 거주하지 아니하는 땅을 (그리스도인만) 통과하게 하시던"(렘 2:6) 곳이었다.

이제 크리스천은 아볼루온과 싸우던 때보다 더 악한 처지에 놓이게 되었다.

2

그의 성산에서 응답하시는도다
사망의 음침한 골짜기 (1)

    시간이 지나도 잊히지 않는 기억이 있다. 때로는 그 기억이 인생의 키를 거머쥔 채 시퍼런 물살을 헤쳐 나가게 한다. 검은 구름같이 어두운 기억일 수도 있고, 눈부신 빛처럼 밝은 기억일 수도 있다. 어느 쪽이든 괜찮다. 어둠과 밝음이 어우러져 한 인생을 만들어 낼 테니까.
    인생의 갈림길에서 병상에 누워 있던 시간, 크게 고민했던 두 가지 일을 2장과 3장으로 나누어 다루고자 한다.

    내 나이 스물여덟, 한창 두려울 게 없던 청년의 시기에 죽음의 그늘이 거침없이 나를 찾아왔다. 내 몸은 그 시간을 사망의 음침한 골짜기로 기억하고 있다. 그러나 내 몸의 더 깊은 골짜기에 숨어 있는 나는, 짙은 어둠 속에서만 볼 수 있는 참 빛을 발견한 날로, 그날을 다르게 기억하고 있다. 그 시간을 글로 꺼내 본다.

1998년 12월, 악몽과도 같은 일이 일어났다.

"콜록, 콜록!"

거친 기침이 끝없이 나의 마른 목을 휘감고 나왔다. 기침과 함께 검고 짙은 피가 흥건히 내 손에 가득했다. 군 제대 후 만화에만 매진했던 나에게 날벼락 같은 일이 벌어진 것이다.

고등학교를 갓 졸업한 후 준공무원급 직장에 취직했지만, 나는 만화가의 꿈을 포기할 수 없어 다니던 직장을 그만두고 이현세 선생님의 문하에서 만화를 그리기 시작했다. 군 제대 후에도 이 선생님 화실에서 만화를 그리며 바쁘게 신문, 잡지 원고를 작업했다. 밤낮이 뒤바뀐 삶을 살면서 담배를 매일 한 갑 반, 두 갑 반씩 피웠고, 4일에 한 번은 정신을 잃을 정도로 폭음했다. 세상의 유희에 마음을 송두리째 빼앗긴 나는 돈이라는 종이 쪼가리가 나의 인생을 성공으로 보상해 줄 거라는 헛된 기대감에 빠져 있었다.

그러던 어느 날이었다. 그림을 그릴 때나 계단을 내려갈 때, 나도 모르게 기절하는 일이 생겼다. 나중에는 호흡조차 하기 어려웠다. 가슴이 답답해 숨을 크게 들이마시면 오른쪽 가슴에서 날카로운 칼이 속을 후비는 듯 극심한 고통이 느껴졌다.

두 팔을 벌려 세면대에 몸을 기댄 채 거울을 보았다. 어느새 눈가가 거무스름하고, 입술이 새파랗게 질려 있었다. 거친 운동을 한 것도 아닌데 호흡이 가빴다.

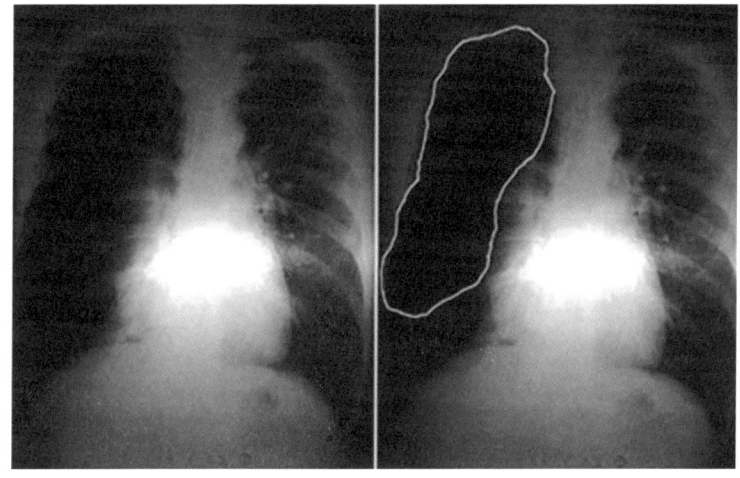

'잠을 못 자고 과로해서 그런가? 감기 몸살이 왔나? 내가 왜 이러지?'

다음 날, 감기 몸살이겠거니 하며 동네 작은 병원에 들렀다. 의사가 청진기로 내 호흡 소리를 듣더니 고개를 갸우뚱하며 엑스레이를 찍어 보자고 했다. 그래서 엑스레이를 찍고 대기실에 앉아 기다리고 있는데, 진료실 밖으로 의사가 직접 나와 나를 불렀다.

"최철규 씨, 빨리 안으로 들어오세요."

진료실에서 의사는 이렇게 말했다.

"최철규 씨, 오른쪽 폐에 구멍이 나서 공기가 꽉 차 있어요. 대학병원에 가서 수술받으세요. 수술받지 않으면 심장이 압박을 받아 심장마비로 죽을 수도 있어요. 소견서를 써 줄 테니 바로 큰 병원으로 가세요."

다음 날 소견서를 들고 어머니와 함께 대학병원에 응급으로 진료를 받으러 갔다. 급하게 엑스레이, CT, MRA 등 여러 검사를 받았다. 병명은 '기흉'이었다. 사람의 갈비뼈 속에는 양쪽에 1리터 페트병 크기의 폐가 있는데, 내 오른쪽 폐에 공기가 80% 차 있다는 것이었다. 얼마나 급했던지 응급실에서 바로 커튼만 치고 갈비뼈 여섯 번째 마디에 메스를 그어 튜브를 넣는 시술(흉관 삽입술)을 했다.

그날부터 진통제와 산소 호흡기에 의지해 겨우 숨을 내쉬었다. 튜브를 가슴에 박고 공기를 빼내도 폐는 정상으로 돌아오지 않았다. 오히려 그 튜브를 타고 노란색 물이 나오더니 죽은 피와 농이 나오기 시작했다. 처음에는 '기흉'이란 병명으로 왔지만, 병이 더 깊어져 '농흉'에서 '혈흉'이 되었고, 온몸에 고열이 나면서 '패혈증'까지 가게 되었다.

한 달 이상을 병원에 누워 있어도 차도가 없자, 아버지는 의사들에게 나를 수술해 달라고 하셨다. 하지만 의사들은 패혈증 증세 때문에 수술을 꺼리는 것 같았다. 아버지는 여한이나 없게 제발 수술해 달라고 거듭 부탁하셨고, 장담할 수 없는 수술이지만 수술 동의서에 사인을 하셨다.

'자유롭게 큰 숨을 쉬어 보았으면…'

병상에 누워 숨 막히는 고통을 고스란히 느꼈다. 제일 기가 막혔던 일은 그 고통을 느끼면서도 나의 의식이 조금도 흐트러짐 없이 또렷하다는 것이었다. 머릿속에서 수많은 생각이 스치고 지나갔다.

'나는 어디서 와서 어디로 가고 있는가? 죽음 이후에 나는 어떻게 되는가? 나는 정말 누구인가?'

당장이라도 죽음이 덮칠 듯한 현실과 인간 존재에 대한 본질적인 질문 앞에 그저 막막했다.

수술을 받으려면 몸 상태가 좋아져야 한다는 의사의 말에 어머니가 눈물을 훔치며 식사를 더 하라고 권하셨다. 병원 생활 40여 일 만에 나의 몸무게는 47kg이 되었다. 178cm 키에 깡마른 내가, 살아 보겠다고 밥을 국에 말아 입에 넣는 모습이 맞은편 세면대 거울에 고스란히 비쳤다. 수전증으로 손이 심하게 떨렸지만, 악착같이 밥을 먹었다. 밥알이 거친 모래를 씹는 듯 목구멍으로 넘어가지 않았다.

어머니가 성경책을 보며 입을 여셨다.

"철규야, 너는 말씀을 읽어야 하나님이 고쳐 주신다. 말씀을 읽어라. 제발 말씀을 읽어라."

친어머니는 중학교 1학년 때 허망하게 돌아가시고, 중학교 2학년이 되었을 때 지금의 어머니가 아버지에게 시집을 오셨다. 모셔야 할 시어머니와 어린 자녀 넷이 있는 집에 처녀의 몸으로 말이다. 그 어머니가 내 소변 통을 비워 침대 옆에 놓으며 하신 말씀이었다.

잘해 드린 적이 없어 어머니에게 조금이라도 효도하고 싶은 마음에 성경을 읽기 시작했다. '구원', '영생'이라는 단어는 성경에서 눈을 뗄 수 없게 만들었다. 그렇게 일주일의 시간이 흘러 약속한 수술 날이 되었다. 사람은 죽음 앞에 참으로 나약한 존재다. 수술받는 두려움보다 죽음 이후의 세계에 대한 두려움이 나를 짓눌렀다.

'나는 구원받은 자인가? 나에게 영생이 있는가?'

지난 시간을 되돌아보니, 나는 교회 마당만 밟은 사람이었다. 이렇게 두려워할 바에는 차라리 하나님께 기도드리는 게 낫겠다 싶었다. 내가 입원했던 병원은 가톨릭 병원이라 기도실이 따로 마련되어 있었다. 벽에 붙은 안전 바를 잡고 기도실에 간신히 들어갔다. 나는 무릎을 꿇고 말라붙은 입을 열어 하나님께 기도했다.

"하나님, 저를 좀 보세요. 살려 주세요. 살고 싶어요. 흑흑. 저를 살려만 주신다면 하나님이 기뻐하시는 그림을 그리겠습니다. 성인 만화는 그리지 않겠습니다."

마른 입을 타고 나오는 애타는 마음을 하나님께 모두 쏟아 냈다. 연약한 한 인간이 삶의 주관자이신 하나님께 드리는 간절한 외침이었다. 기도를 드리고 엘리베이터를 타고 올라가는데 갑자기 기침이 나오기 시작했다. 기침을 할 때마다 울컥하며 입에서 피가 뿜어져 나왔다. 마치 가슴속에 고인 물이 몸 밖으로 나오는 것만 같았다. 엘리베이터 바닥이 금세 피로 가득해졌다.

7층에서 문이 열리고 남자 간호사가 이 광경을 목격했다. 간호사는 바닥에 누워 벌벌 떨고 있는 깡마른 나를 번쩍 들어 샤워실에서 씻겨 주었다. 전날 이 간호사가 제모를 해주었기에 얼굴을 알 수 있었다. 병실에 들어오니 여자 간호사가 수술용 링거를 꽂아 주며 말했다.

"수술복으로 갈아입으시고 1층에 내려가셔서 엑스레이 찍고 올라오세요."

엑스레이를 찍고 병실로 올라왔다. 담임목사님이 새벽예배를 마치고 병실에서 기다리고 계셨다. 수술 잘 받으라고 기도해 주고 가셨다. 약속된 시간이 되자 수술실로 이동해 주는 침대가 들어왔다. 침대를 보자

눈물이 나왔다.

'구원의 문제를 해결하지 못했는데 어떡하지?'

마치 지옥 도살장에 끌려가는 것만 같았다.

바로 그때였다. 인턴 의사가 엑스레이 사진을 들고 급하게 뛰어 들어왔다.

"과장님, 이 사진 좀 보세요! 최철규 씨 폐가 정상으로 돌아왔어요!"

주치의는 조금 전에 찍은 엑스레이 사진을 훑어보더니 나에게 말했다.

"환자분, 기침을 크게 해보세요."

기침을 해도 가슴에 연결된 튜브와 통에서 피고름과 기포가 더는 올라오지 않았다. 그 6인실 병동에 있던 의사들과 환자들, 보호자들이 이런 사례를 본 적이 없다며 다들 놀라고 있었다. 주치의는 나에게 호흡이 어떠냐고 물어보았다. 그제야 내가 편히 숨 쉬고 있음을 알게 되었다. 하지만 의사들은 믿을 수 없는 일이라며 당분간 더 지켜보자고 했다. 보통은 3일 정도 공기가 나오지 않으면 튜브를 뽑는데, 3일이 지나도 의사의 소견은 이러했다.

"고름으로 뒤범벅된 폐가 온전해질 리가 있겠어요? 잠시 공기가 나오지 않는 것일 수 있으니 상태를 더 두고 봅시다."

간이라는 장기는 자르더라도 시간이 지나면 원래의 크기로 돌아오지만, 폐는 썩으면 새살이 자라나는 장기가 아니기 때문에 의사들의 의심은 당연한 것이었다. 공기가 나오지 않는다는 것을 확인하고 8일이 지나서야 40일 넘게 꽂고 있던 튜브를 뽑을 수 있었다.

튜브를 뽑은 다음 날, 아침 일찍 일어나 성경책을 집으려는데 손에서 미끄러져 병실 바닥으로 떨어졌다. 펼쳐진 성경책에서 시편 3편 3-5절 말씀이 보였다.

여호와여 주는 나의 방패시요 나의 영광이시요 나의 머리를 드시는 자이시니이다 내가 나의 목소리로 여호와께 부르짖으니 그의 성산에서 응답하시는도다 (셀라) 내가 누워 자고 깨었으니 여호와께서 나를 붙드심이로다.

어지러운 내 마음을 붙잡아 주는 말씀이었다. 하염없이 흐르는 눈물이 깊이 파인 앙상한 볼을 지나 입술을 적셨다.
"하나님 아버지…."
나는 이렇게 하나님의 인도하심 속에서 사망의 음침한 골짜기를 통과하기 시작했다.

『천로역정』에서 크리스천은 사망의 음침한 골짜기를 통과할 때 '기도'라는 무기를 사용한다. 만약 그 골짜기를 지나지 않았다면, 크리스천은 뼛속 깊이 하나님을 의지하는 기도를 하지 못했을 것이다.
크리스천은 사망의 음침한 골짜기에서 앞서가던 순례자, 믿음이 시편 23편 4절을 읊는 소리를 듣게 된다.

"내가 사망의 음침한 골짜기로 다닐지라도 해를 두려워하지 않을 것은 주께서 나와 함께하심이라."

이 말씀에 크리스천의 두려움이 눈 녹듯 사라진다. 갑자기 찾아오는 인생의 큰 문제 앞에서 두려움에 매이게 되는 것은 불확신 속에서 오는 불안감일 것이다. 크리스천은 약속의 말씀을 의지해 계속 앞으로 나아갔고, 차츰 날이 밝아 오기 시작했다. 이처럼 하나님의 말씀은 어두운 밤을 낮으로 바뀌게 한다.

사망의 음침한 골짜기에서 하나님이 일하신 기억들이 살 속에 박혀 생생하다. 그 기억이 인생의 험난한 시기를 헤쳐 나가게 해준다. 혹여나 절망의 시간이 다시 찾아올지라도 괜찮다. 그 시간을 통해 더 단단한 크리스천으로 다듬어질 테니까. 꼭 하나님이 그렇게 하실 것이다.

> 묘성과 삼성을 만드시며 사망의 그늘을 아침으로 바꾸시고 낮을 어두운 밤으로 바꾸시며 바닷물을 불러 지면에 쏟으시는 이를 찾으라 그의 이름은 여호와시니라(암 5:8).

나는 꿈에서 크리스천이 가야 할 길 양쪽에 담이 서 있는 것을 보았다. 구원이라고 불리는 담이었다(사 26:1). 크리스천은 그 길로 달려 올라갔다. 그렇지만 등에 진 짐 때문에 수월하지는 않았다. 이렇게 달려간 끝에 크리스천은 약간 경사진 오르막길에 이르렀다.

3

십자가 언덕
구원의 담

　병원 창밖으로 함박눈이 날리고 있었다. 가누기도 힘든 몸을 일으켜 창밖을 내다보았다. 저 멀리 산 능선 아래에 어느 가정집 굴뚝에선 아무 일 없는 듯 흰 연기가 모락모락 피어오르고, 잿빛 하늘 아래로 가만가만 내려오는 하얀 눈은 겨울나무 가지 끝에 소복이 쌓이고 있었다. 1999년 새해는 그렇게 조용하고 쓸쓸하게 찾아왔다.

　해가 바뀌어 29살이 되었다. 숨을 쉴 때마다 오른쪽 폐에서 심한 통증이 올라왔다. 몸은 죽음의 낭떠러지로 냅다 달리고 있었다. 시간이 지나면서 덜컥 겁이 나기 시작했다. '나'라는 존재가 이 땅에서 완전히 사라지는 것에 대한 실제적인 무서움이었다.

　새벽마다 숨이 쉬어지지 않는 위급 상황이 자주 발생했다. 의사들은 호흡이 정상으로 돌아오도록 나의 가슴을 압박했다. 영화나 드라마에서 보던 장면이 현실로 일어난 것이다. 정신은 또렷한데 몸이 의지대로 통제되지 않았다. 정체 모를 링거 병이 주렁주렁 달릴 때마다 스올의 고통 속으로 온몸이 빠져 버리는 듯했다.

신앙과 관계없이, 모든 사람은 인간 존재에 대한 본질적인 질문과 맞닥뜨리는 순간이 있다.

'나는 누구인가? 나는 어디서 와서 지금 어디로 가고 있는가? 죽음 이후에 나는 어떻게 되는가?'

생과 사의 갈림길에서 사람은 근원적인 질문을 마주하게 된다. 절망과 고민이 뼛속을 타고 내려오며 나를 휘감고 있을 때, 어릴 때부터 귀에 익던 말씀 한 구절이 내 눈에 들어왔다.

거기에서는 구더기도 죽지 않고 불도 꺼지지 아니하느니라 사람마다 불로써 소금 치듯 함을 받으리라(막 9:48-49).

내세가 보이지 않아 가볍게 여겼던 말씀이 내 뒷머리를 방망이로 두드리기 시작했다.

너희는 믿음 안에 있는가 너희 자신을 시험하고 너희 자신을 확증하라 예수 그리스도께서 너희 안에 계신 줄을 너희가 스스로 알지 못하느냐 그렇지 않으면 너희는 버림받은 자니라(고후 13:5).

하루가 다르게 쇠약해진 몸을 보면서 나 자신에게 진중하게 물었다.

'나는 믿음 안에 있는가? 내 안에 예수 그리스도가 계신가? 하나님이 자기 아들 예수 그리스도를 통해 증언하신 그 증거가 내 안에 없다면 믿음 안에 있는 자가 아닌데 믿음 안에 있다는 증거가 무엇이지? 내 안에 새겨 놓은 구원의 증거를 무엇으로 증명할 수 있지?'

아무리 증거를 찾으려고 해도 떠오르지 않았다.

'그렇다면 나는 버림받은 자였는데 내가 인식하지 못했던 것은 아니었을까?'

바람에 날린 눈발이 창문을 두드리듯 수많은 질문이 마음을 세차게 두드리고 있었다.

기억이 시작되는 시점부터 지금까지의 일들을 되돌아보았다. 나는 어머니의 등에 업혀서부터 교회를 다녔다. 그런데 그렇게 오랜 세월 교회를 다녔어도 죽음 앞에서 확인한 사실은 내게 구원의 확신이 없다는 것이었다. 두려움이 없다고 자부했으나 막상 죽음 앞에 서니 사시나무 떨듯 했다. 교회 마당만 밟았을 뿐 구원과는 관계없는 자로 살아온 것이다. 어두운 그늘 속에서 죄의 삯인 사망이 내 삶 가까이에서 서성거리고 있었다.

나더러 주여 주여 하는 자마다 다 천국에 들어갈 것이 아니요 다만 하늘에 계신 내 아버지의 뜻대로 행하는 자라야 들어가리라(마 7:21).

교회를 다니면서 "주여, 주여!" 하며 수없이 주님의 이름을 불렀다. 그러나 하나님 아버지의 뜻은 하늘 높은 곳에 있었고, 나는 땅 아래서 육체에 거하는 죄로 인해 처절하게 죄인임을 확인할 뿐이었다.

병상에 누워 있으면서 오른쪽 폐를 제거하는 수술보다, 해결되지 못한 구원의 문제로 밤잠을 이루지 못했다. 그때부터 나는 성경에서 '구원'이라는 단어만 보면 그 구절의 앞뒤 내용을 모두 읽어 나갔다.

모든 사람이 무거운 죄의 짐을 지고 산다. 이 짐을 벗어버리려고 발버둥 치지만 그럴수록 짓누르는 힘이 더 강해진다. 죄의 짐을 떼어 보려고 눈물을 흘리며 죄를 낱낱이 고백해 본다. 하지만 평안은 잠시뿐 며칠 지나지 않아 또다시 죄의 무게를 느낀다.

나 또한 이런 식으로 죄의 짐을 덜어 보려고 했다. 초·중·고등부 때는 교회에서 수련회를 가면 애절한 마음으로 눈물, 콧물 흘리며 죄를 고백하는 기도를 드렸다. 기도하고 나면 세상이 새롭게 보이고 구름 위를 걷는 듯 홀가분한 기분이었다. 이런 느낌이 구원의 증거인 양 착각하며 살았다. 죄의 짐이 여전히 나를 무겁게 짓누르고 있는데 말이다.

나는 땅에 털썩 주저앉아 깊은 한숨을 내쉬었다.

'철저히 안 되는 존재구나….'

오호라 나는 곤고한 사람이로다 이 사망의 몸에서 누가 나를 건져 내랴 (롬 7:24).

성경을 읽을 때면 후회가 밀려왔다. 어른이 되도록 성경을 제대로 읽어 본 적이 없었기 때문이다. 나는 교회만 다녔을 뿐 기본 교리도 모르는 빈껍데기 신자였다. 근심을 다스리며 구원의 문제를 해결하고자 성경에 집중했다. 그런데 이 근심이 하나님이 주시는 근심임을 나중에야 깨닫게 되었다.

하나님의 뜻대로 하는 근심은 후회할 것이 없는 구원에 이르게 하는 회개를 이루는 것이요 세상 근심은 사망을 이루는 것이니라(고후 7:10).

구원받은 증거를 찾기 위해 신물이 날 정도로 성경을 읽고 또 읽었다.

하나님의 아들을 믿는 자는 자기 안에 증거가 있고 하나님을 믿지 아니하는 자는 하나님을 거짓말하는 자로 만드나니 이는 하나님께서 그 아들에 대하여 증언하신 증거를 믿지 아니하였음이라 또 증거는 이것이니 하나님이 우리에게 영생을 주신 것과 이 생명이 그의 아들 안에 있는 그것이니라 아들이 있는 자에게는 생명이 있고 하나님의 아들이 없는 자에게는 생명이 없느니라(요일 5:10-12).

'아, 이거구나!'

나는 외적으로 보이는 증거로 믿음을 증명하려 했다. 방언, 예언, 병 고침, 애절한 통회, 기도의 응답, 행위의 변화 등 보이는 것이 믿음의 증거라고 생각했다. 하나님이 나에게 영생을 주신 것, 앞으로 선을 행하면 주실 것이 아니라 이미 예수 그리스도를 통해 영생을 주셨다는 하나님의 증언하신 말씀이 내 안에 있는 확실한 증거였다. 생명이 예수 안에 있고, 내가 하나님의 아들을 믿는 자가 되어 영생을 얻는 것이 하나님 아버지의 가장 큰 뜻이었다는 것을 분명하게 알게 되었다. 외적으로 보이는 행함의 문제라기보다는 존재의 문제였다.

> 내 아버지의 뜻은 아들을 보고 믿는 자마다 영생을 얻는 이것이니 마지막 날에 내가 이를 다시 살리리라 하시니라(요 6:40).

하나님 아버지께서 주시는 근심이 구원에 이르게 하는 회개를 이루게 했다. 영원히 꺼지지 않는 불에 들어가지 않도록 영생을 얻은 존재가 된 것이다.
'이 귀한 말씀을 이제야 깨닫다니…'
마음이 뜨거워지기 시작했다.

> 우리에게 성경을 풀어 주실 때에 우리 속에서 마음이 뜨겁지 아니하더냐(눅 24:32).

구원은 철저하게 하나님 편에서 시작된다. 선한 행위에 대한 삯으로 주어지는 것이 아니다.

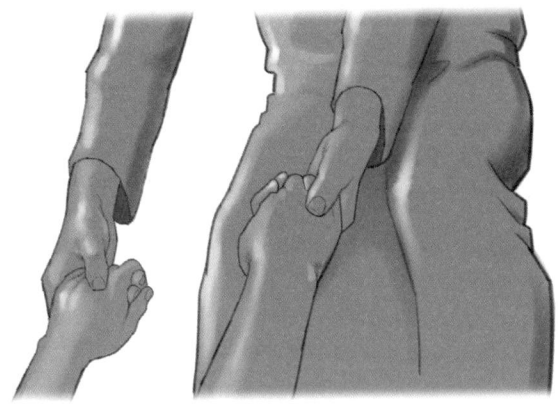

　『천로역정』의 크리스천이 십자가 언덕을 오를 때, 양쪽에 구원이라는 이름의 높은 담이 있었다. 그것은 순례자들이 세상을 바라보지 않고 오로지 십자가 언덕 끝에 있는 예수 그리스도만을 바라보며 구원에 이르도록 하기 위함이다. 그분의 선한 도우심만이 구원을 완성시킬 것이다.

　구원은 '구할 구'(救), '도울 원'(援), 즉 죄의 늪에 빠진 사람을 누군가 다가와서 구해 주는 것이다. 구원은 인간 안에서 나오는 것이 아니다. 인간은 구원의 주체가 될 수 없다. 만약 죄의 늪에 빠진 사람이 스스로 거기에서 빠져나왔다면, 그것은 구원이 아니라 탈출이라고 말할 수 있을 것이다.

　우리는 영원히 빠져나올 수 없는 죄의 늪에서 구원받은 자들이다. 하나님의 아들 안에 있는 생명을 가진 자들이다. 이 엄청난 복음을 어떻게 눈물 없이, 감격 없이 받아들일 수 있겠는가.

분별 : 그 밖에도 친했던 친구들이나 그곳에서 즐거웠던 일에 대한 미련은 없나요?
크리스천 : 그때 당시만 하더라도 모든 마을 사람들처럼 저도 육체적 쾌락을 좇고 세속적인 정욕에 사로잡혀 그곳 생활이 인생의 전부였고 큰 기쁨이자 행복이라 여겼지요. 그러나 이제는 아닙니다. 이제 저는 육에 속한 모든 생각들을 슬픔으로 여기며 생각조차 하기 싫어요. 그러나 그렇게 하려 해도 가장 옳다고 생각되는 일을 하려고 들면 과거 나의 추했던 모습과 죄악들이 동시에 내 안에 일어나서 괴로울 때가 있답니다(롬 7:15-21).

4

세상 반, 교회 반, 무늬만 크리스천
분별

심한 고통의 시간 이후 또 다른 병이 찾아왔다. 겹겹이 쌓인 가랑잎에 습한 대지는 가려지기 마련이다. 어두운 죄의 모양이 이중성이라는 가랑잎에 가리어 내 안에서 싹을 틔우고 있었다. 죄는 참 질기다. 완전히 끊어졌다고 생각했는데 소리 없이 달려드니 누가 이길 수 있을까.

그렇게도 고통스러웠던 시간을 뒤로하고 병원 문을 나섰다. 가늘어진 두 다리로 땅을 밟고 눈부신 햇살을 바라보았다. 이것이 사람 사는 일상이었다. 그동안 평범한 하루하루가 최고의 복이라는 것을 모른 채 바쁘게만 살아왔다. 힘겹게 죽음 앞에서 싸웠던 시간을 강물에 흘려보내고, 흐르는 눈물로 감사한 마음을 올려 드렸다.

"아버지, 감사합니다."

원고 마감을 핑계로 주일예배에 소홀했던 나는 제일 먼저 주일 성수를 지키기 시작했다. 깡마른 몸을 이끌고 퇴원한 주부터 모든 공예배를 드리고, 요일을 정해 놓고 새벽예배에도 나갔다. 몇몇 교인들이 그런 나를 보며 수군대기 시작했다.

"일주일 하다 말겠지."

그런데 일주일을 넘기자 이렇게 말했다.

"한 달 하다 말겠지."

그렇게 한 달, 두 달… 1년이 넘도록 변함없이 성실하게 예배 생활을 하자 교회에서는 내게 집사 직분을 주셨다.

죄는 참 질기다. 그토록 열심히 신앙생활을 했건만, 완전히 끊어졌다고 생각했던 죄의 습관이 벌어진 마음의 틈으로 들어와 자리 잡기 시작했다. 그때부터 나는 철저히 이중생활을 했다. 교회에서는 하나님께 돌아온 신실한 크리스천으로, 화실에서는 구별됨 없는 세상 사람으로 살았다.

분명히 나는 병원에서 이렇게 기도했다.

"하나님, 저를 살려만 주신다면 하나님이 기뻐하시는 그림을 그리겠습니다. 성인 만화는 그리지 않겠습니다."

그렇게 죽음 앞에서 간절히 기도했지만, 알량한 돈과 고달픈 삶의 등살에 펜을 들어 성인 만화를 다시 그리기 시작했다. 회식 자리에서는 술을 실컷 마시고, 그림이 막히거나 사람들과의 관계 속에서 화가 날 때면 후배에게 담배를 달라고 했다.

"담배 하나만 줘 봐."

한 개비만, 한 개비만 요구하다 다시 담배를 피우게 되었다. 내 의지로 1년 반 동안 술과 담배, 음란물을 끊었는데, 어느 순간 다 무너지기 시작한 것이다.

그렇게 옛 생활로 되돌아가면서도 예배는 꼭 드렸다. 줄담배를 피운 날이면 몸에 밴 담배 냄새를 없애려고 샤워와 양치질, 가글을 한 후 은단까지 먹으며 교회에 갔다. 옛 생활을 끊은 척 연기하며 예배 자리에 나간 것이다. 전보다 더 무서운 죄의 모양이 이중성에 가려져 버렸다.

이중생활이라는 가면을 쓴 나에게 하나님은 바로 매를 들지 않으셨다. 항상 그 자리에서 나를 기다려 주셨다. 말씀을 들을 때면 내 마음에 찾아오는 싸움이 있었다. 아직 벗어나지 못한 옛 사람과 성령님의 역사로 변화된 새사람 간의 싸움이 내 속을 후벼 파고 있었다. 나는 역겨운 이중생활에 지쳐 벗어나려고 무수히 노력해 보았지만, 이틀이면 말짱 도루묵이었다. 연약함에 이어 나온 자괴감이 나의 온 살을 찢는 듯했다. 술자리에서 술이 과해 오바이트를 하면서 머릿속으로는 진저리 치며 다짐했다.

'다시는 술 안 마신다.'

그러나 다짐일 뿐이었다. 금연하려고 담배를 다 부러뜨려 라이터와 함께 쓰레기통에 버렸지만, 금세 다시 꺼내 부러진 담배를 봉합해 입에 물었다. 담배 연기는 더 구수했다. 성인 만화를 잘 그리려고 보게 된 음란물 또한 계속 끊지 못했다. 이런 내 모습에 고개를 떨구고 중얼거리기 시작했다.

"의지박약, 미련한 패배자…."

개가 그 토한 것을 도로 먹는 것같이 미련한 자는 그 미련한 것을 거듭 행하느니라(잠 26:11).

예배를 드리지 않거나 말씀을 읽지 않으면 더 큰 공허감이 해일처럼 밀려왔다. 옛 사람으로 돌아갈 수 없는 내가 되었지만, 완전한 새사람으로 발돋움할 힘도 없었다. 주일날 예배를 드리면 전날 본 음란물로 인해 마음이 무거웠고, 언제나 같은 문제로 넘어지는 나의 연약한 모습에 눈물이 나왔다.

"아버지, 어떡해요?"

내 속사람으로는 하나님의 법을 즐거워하되 내 지체 속에서 한 다른 법이 내 마음의 법과 싸워 내 지체 속에 있는 죄의 법으로 나를 사로잡는 것을 보는도다 오호라 나는 곤고한 사람이로다 이 사망의 몸에서 누가 나를 건져 내랴(롬 7:22-24).

패배감으로 심한 고통을 느끼던 어느 하루였다. 나는 성경책을 펼쳤다. 살고 싶어서 붙든 최후의 보루였다.

너희가 죄와 싸우되 아직 피 흘리기까지는 대항하지 아니하고(히 12:4).

"아직 피 흘리기까지는 대항하지 않았다고?"

그렇다. 나는 피 흘리기까지 죄에 대항하여 싸운 적이 없었다. 생명을 걸고 거룩함을 위한 치열한 싸움을 해야 하는데 늘 쉽게 포기하곤 했다. '나는 원래 연약하니까, 잘 안 되는 사람이니까, 사람이 다 그렇지 뭐.'라는 생각으로 일관했던 것이다. 그러면서 나 자신을 패배자라고만 여겼다.

'피 흘리기까지 죄와 싸워야 한다. 그래, 끝까지 해보자.'

나는 포기하지 않기로 마음먹었다. 말없이 천장을 바라보며 하루를 시작할 때 매일 이렇게 기도했다.

"아버지, 오늘도 담배, 술, 음란물과 사투를 벌이게 될 거예요. 오늘 하루도 잘 견디게 해주세요. 저의 마음을 지켜 주세요."

그 기도가 1년이 되고, 2년이 되고, 어언 15년이 되면서 언제부터인가 거리를 걷다 담배 냄새를 맡으면 코를 막게 되고, 구역질이 나왔다. 하나님의 은혜였다. 나는 단 한 번도 다른 사람 앞에서 내 힘으로 담배를 끊었다고 말한 적이 없다. 하나님이 그렇게 말할 수 없도록 만드셨다. 나는 단지 이렇게 말할 뿐이다.

"죄를 또 지어도 하나님 앞에 그 모습 그대로 나아가세요. 사람의 결단은 한계가 있습니다. 죄를 지으면 숨기지 말고 하나님께 그냥 나아가야 합니다. 우리는 100% 죄 앞에 넘어집니다. 하지만 하나님 아버지께서 100% 우리를 잡아 주십니다. 나 자신을 보면 소망이 없지만, 하나님 아버지를 보면 소망이 있습니다. 넘어지면 그분 앞에 무릎 꿇으면 됩니다."

우리는 죄 앞에 한없이 무너지는 존재다. 나 또한 하나님의 은혜로 이 생활을 잠시 멈춘 것뿐, 다시 넘어질 수밖에 없는 한낱 연약한 인간이다. 단지 마음을 지켜 달라고 하늘을 향해 힘껏 기도할 뿐이다.

모든 지킬 만한 것 중에 더욱 네 마음을 지키라 생명의 근원이 이에서 남이니라(잠 4:23).

깊고 깊은 어둠 속에서만 빛나는 별빛이 있다고 나는 믿는다. 그것은 간절함을 머금은 기도의 눈물방울이다.

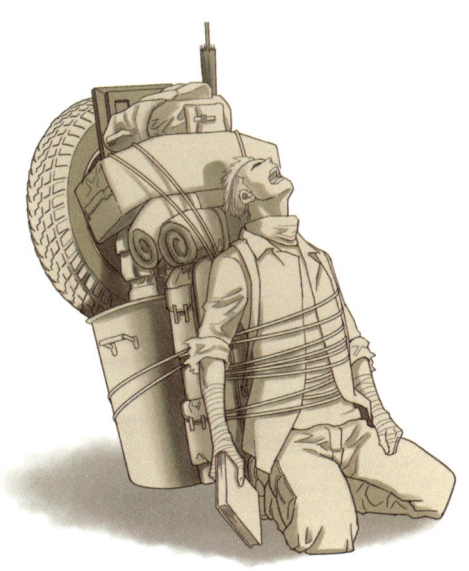

나는 들판을 거니는 그를 보았다. 여느 때처럼 손에 들고 있던 책을 읽고 있었는데 심히 괴로워하고 있었다. 책을 읽다가 그는 전처럼 갑자기 눈물을 흘리며 통곡하기 시작했다. "어떻게 해야 구원을 받는다는 말인가?"(행 16:30-31)
그는 금방이라도 어딘가 달려갈 것처럼 여기저기를 두리번거리더니 그 자리에 그대로 가만히 서 있었다. 내가 보기엔 어느 길로 가야 할지 모르고 있는 것 같았다.

5

마음 밭의 짬통을 비우다
회개

수많은 사람이 죄 가운데 아우성치며 살아간다. 죄의 화살을 피할 수 있는 사람은 아무도 없다. 인간의 잘못된 인식이 말씀마저도 악용해서 거짓 열매를 맺게 한다. 회개가 그랬다.

나는 눈물, 콧물 흘리며 기도하면 가슴에 박힌 죄의 화살을 뽑을 수 있는 줄 알았다. 모든 죄를 고해성사 하듯 아뢰고, 죽을힘을 다해 결심하며 살아가면 되는 줄 알았다. 그래서 말씀대로 자백했다. 하염없이 울었다. 뉘우쳤다. 이것이 회개의 본질이라고 생각했다. 그러나 언제 뉘우쳤는지 모르게 서슴없이 내 안에 숨어 있던 죄의 본성이 마음의 창문을 열고 세상에 내밀면 여지없이 깊은 한숨이 나왔다.

"나는 안 되는구나…."

반복된 공허감이 나를 사로잡았다. 고넬료에게 일어난 생명 얻는 회개는 내 안에서 언제 이루어지는 걸까?

  1994년 11월, 군대를 제대했다. 제대 후 만화를 계속 그리다가 갑작스레 죽음의 문턱에 이르렀을 때, 하나님께 살려 달라고 애원했다. 기도한 대로 4시간 만에 썩은 폐가 정상으로 돌아왔다. 하나님의 은혜로 나는 죽음의 병상에서 툴툴 털고 일어날 수 있었다. 정확하게 그때부터 하나님이 성경 안에 갇혀 계신 분이 아니라 나의 모든 일상에 개입하시는 분임을 알기 시작했다. 하나님은 그렇게 나를 찾아오셨다.
  병원을 퇴원하고 성경을 쉼 없이 읽기 시작했다. 그러면서 죄로 여기지 않았던 일상이 말씀과 부딪히기 시작했다. 말씀과 삶이 뒤엉켜 충돌이 일어난 것이다.

> 죄가 율법 있기 전에도 세상에 있었으나 율법이 없었을 때에는 죄를 죄로 여기지 아니하였느니라(롬 5:13).

  죽음 앞에서 분명히 하나님께 성인 만화를 그리지 않겠다고 말했지만, 현실은 녹록지 않았다.
  "산 사람은 살아야지…."
  나는 죽음에서 만난 하나님을 살짝 뒤로하고 물질에 무게를 더 두었다. 최선의 얄팍한 방법을 선택했다. 내 본명으로 나가는 성인 만화책을 작업하는 게 아니라, 선배 형님의 이름으로 나가는 성인 만화책을 도와주기로 한 것이다. 나는 그렇게 다른 사람 뒤에 숨어 돈이 주는 즐거움을 한껏 누렸다.

그러한 삶을 살아가고 있을 때 선생님이 제자들에게 작가로 등단할 기회를 주셨고, 나는 성인 만화가로 등단하게 되었다. 시간이 지나면서 성인 만화책 표지에 내 본명이 나오기 시작했고, 나의 이름에 희열을 느꼈다. 결국, 하나님과의 약속을 저버린 채 내 이름으로 된 성인 만화책을 9권이나 출간했다. 그렇게 책이 늘어 갈수록 나의 화실 생활은 마치 살얼음판을 걷는 듯 더욱 불안했다. 하나님이 기뻐하지 않으실 일이었기 때문이다. 극도로 피곤을 느낄 때면 이런 생각이 들었다.

'하나님이 또 치시는 건 아닐까?'

그러나 되돌아가기에는 너무 멀리 와 있었다.

금요 철야예배를 드린 어느 날이었다. 늦은 밤 집에 돌아와 무심코 성경을 펼쳤다.

창기가 번 돈과 개 같은 자의 소득은 어떤 서원하는 일로든지 네 하나님 여호와의 전에 가져오지 말라 이 둘은 다 네 하나님 여호와께 가증한 것임이니라(신 23:18).

"개 같은 자의 소득이라…."

내가 번 모든 것이 '개 같은 자의 소득'과 같다는 말인가? 가슴이 먹먹해졌다. 비겁한 변명은 말씀 앞에서 맥을 못 추었다. 절망과 후회가 물밀듯 밀려와 하늘이 무너져 내리는 것만 같았다. 불이 꺼진 방 안에서 무릎을 꿇고 흐느끼기 시작했다.

"아버지, 아버지, 개 같은 자가 여기 있습니다."

매번 결단하지만, 매번 무너지는 연약함으로 인해 하나님 앞에서 소리 내어 울었다. 내가 다시 돌아올 때까지 매를 들지 않고 오랫동안 기다려 주신 하나님께 감사했다. 나는 안다. 병상에서 뼈아픈 고통을 이미 몸에 새긴 터라, 내 죄의 시간이 긍휼을 머금은 아버지의 기다림이었음을…. 인자하신 아버지의 모습으로 하나님은 그렇게 말씀 가운데 또다시 나를 만나 주셨다.

한참 동안 지나간 시간을 회고하고 있는데, 문득 군대에서 있었던 일이 떠올랐다. 군대에서는 훈련 기간이 되면 유격장 야외에서 식판에 음식을 담아 식사를 했다. 음식물 찌꺼기는 파란색 큰 플라스틱 통에 버렸다. 그 통을 군대에서는 '짬통'이라고 부른다.

그날은 저녁을 먹고 난 후부터 비가 밤새도록 내리더니 아침이 되어서야 멎었다. 아침 식사 후 선임 하사가 나와 내 동기에게 짬통을 비우라고 지시했다.

짬통을 보니 뚜껑을 덮어 놓지 않아 빗물이 가득했고, 밑바닥에는 음식물 찌꺼기가 잔뜩 쌓여 있었다. 짬통을 비워 본 적 없던 동기와 내가 무조건 힘으로 음식물 찌꺼기를 바닥에 쏟아 내려 하자 선임 하사가 달려와 말렸다. 선임 하사는 그런 식으로는 짬통을 깨끗이 비울 수 없다고 말하며 옆에 있던 작대기를 짬통에 넣어 마구 휘저었다. 그러고 나서 음식물 찌꺼기를 웅덩이에 쏟아 내니 정말로 짬통이 깨끗이 비워졌다.

하나님은 이 일을 통해 내 안에 가라앉은 죄의 찌꺼기를 보게 하셨다. 마음속 깊은 곳에 더러운 죄의 찌꺼기가 가득 쌓여 있었다. 하나님의 말씀을 작대기 삼아 내 안을 휘젓고 십자가 앞에 모든 것을 쏟아부을 때, 진정한 회개가 일어난다는 것을 알았다.

예전에는 내 힘으로 죄의 본성을 숨길 수 있다고 생각했다. 눈물, 콧물 흘리며 죄를 자백하고 뉘우치는 것이 생명 얻는 회개라고 오해했다.

"나는 잘하고 있어. 사람이니 그럴 수도 있지. 죄지으면 또 반복해서 회개하면 돼."

스스로 이렇게 부추기며 여기까지 왔다.

성경에서 "회개"로 번역된 헬라어 단어는 '메타노이아'로, '돌아서다'라는 뜻이다. 어디에서 돌아서야 하는가? 죄 된 생활에서 돌아서는 것이다. 이것 또한 우리가 먼저 그분을 찾아가는 것 같지만, 아니다. 하나님이 한낱 피조물인 우리를 찾아오실 때에만 죄악 된 삶에서 돌아설 수 있다. 이미 내 죄를 용서하시고 내가 돌아오길 기다리시는 하나님을 믿고 나는 회개의 발걸음을 내디뎠다.

내가 네 허물을 빽빽한 구름같이, 네 죄를 안개같이 없이하였으니 너는

내게로 돌아오라 내가 너를 구속하였음이니라(사 44:22).

흉악한 죄인을 찾아오신 하나님께 감사드리며 우리를 향한 그분의 사랑을 찬양했다.

"너희 죄 흉악하나 눈과 같이 희겠네, 너희 죄 흉악하나 눈과 같이 희겠네…"(「너희 죄 흉악하나」, 새찬송가 255장).

나는 결국 화실을 그만두었다. 아버지의 사랑이 이긴 것이다. 맘몬도 나를 어떻게 하지 못했다. 나는 또 다른 인생의 버스를 기다리기 위해 아버지께서 만들어 놓으신 정류장에 서 있었다.

하나님은 이 일을 통해 내 안에 가라앉은 죄의 찌꺼기를 보게 하셨다.
마음속 깊은 곳에 더러운 죄의 찌꺼기가 가득 쌓여 있었다.
하나님의 말씀을 작대기 삼아 내 안을 휘젓고 십자가 앞에
모든 것을 쏟아부을 때, 진정한 회개가 일어난다는 것을 알았다.

계속해서 길을 가던 크리스천은 작은 언덕에 이르렀다. 순례자들이 올라가서 앞을 내다볼 수 있게 해놓은 곳이었다. 크리스천이 언덕 위로 올라가서 앞을 내려다보니 믿음이 자기보다 앞서 길을 가고 있는 것이 보였다. 크리스천은 크게 소리쳐 그를 불렀다.

크리스천 : 어이, 이봐요! 기다리시오, 같이 갑시다.

믿음은 고개를 돌려 크리스천을 돌아보았다. 크리스천은 다시 한 번 그 사람을 향해 소리를 질렀다.

6

아내와의 만남
믿음과의 동행

성인 만화를 절필하고 기독교 쪽으로 넘어와 서른다섯이 되도록 나는 배우자를 만나지 못했다. 교제가 시작될 즈음 자매에게 변변치 못한 원고료에 대해 이야기하면, 자매 쪽에서 여지없이 돌아서곤 했다. 이런 일이 반복되었지만 나는 이렇게 생각했다.

'하나님이 내 인생 가운데 준비하신 자매가 분명히 있지 않을까?'

배우자 기도를 해야겠다는 생각에 당장 기도원으로 들어갔다. 나는 이날의 기도를 자칭 '기드온의 기도'라고 말한다. 기드온은 이렇게 기도했다.

"하나님, 만일 이슬이 양털에만 내려 있고 주변 땅은 모두 말라 있으면, 주께서 말씀하신 대로 저를 통해 이스라엘을 구원하시려는 것으로 알겠습니다."

다음 날 아침, 기드온은 또 기도했다.

"하나님, 이번에는 양털만 말라 있고 그 주변 땅에는 이슬이 내리게 해주십시오."

나도 기드온처럼 기도했다.

"하나님, 제가 기도하고 나갔을 때 누군가 저에게 선보라고 말한다면, 그 선보라는 자매를 제 아내로 알겠습니다."

얼토당토않은 기도를 드리고 기도원을 나왔다. 그러나 나에게 선을 보라고 말하는 사람은 없었다. 기도원에 들어가기 일주일 전에, 신학대학원을 갓 졸업한 교회 여전도사님이 지나가는 말로 가볍게 던지신 이야기가 떠올랐다.

"최 집사님, 선볼 생각 없으세요?"

나는 곧 그 전도사님을 찾아가 물었다.

"전도사님, 지난번에 저에게 선 자리 말씀하셨던 거 아직 유효합니까? 소개해 주시려던 분 만나 볼게요."

그러자 전도사님이 웃으며 말씀하셨다.

"그 친구에게 시간 되는지 물어볼게요."

일주일 후 전도사님이 쪽지를 한 장 건네며 말씀하셨다.

"집사님이 직접 전화하셔서 만나 보세요."

내심 설레는 마음으로 쪽지를 펴 보았다. 종이 위에는 '도춘자'라는 이름과 그 자매의 전화번호가 적혀 있었다.

'도춘자. 우리 교회에는 김춘자 권사님이 계신데….'

우리 어머니 연배 때 이름 같아서 일면식이 없는데도 그 자매의 이미지가 떠오르는 듯했다. 만나고 싶은 기대감이 들기보다 만남을 고민하게 하는 이름이었다. 어쭙잖은 고민에 빠진 나에게 한 집사님이 말을 건네셨다.

"이름 가지고 뭘 그래? 한번 만나 봐."

이 한마디에 미루고 미루었던 전화를 걸어 도 자매와 첫 만남을 가졌다. 그런데 그 자매는 나의 이상형과는 거리가 멀었다. 지금껏 만나 왔던 자매들과 외모가 사뭇 달랐다. 돌아오는 차 안에서 혼잣말로 중얼거렸다.

"하나님, 뭐 저런 자매를 저한테 붙여 주셨어요."

하나님이 실수하셨나 보다 생각했다.

주일날 교회에 가니, 도 자매를 만나 보라고 권하셨던 집사님이 내게 물으셨다.

"최 집사, 그 자매 만나 봤어?"

"네, 만나 봤는데 제 이상형이 아니더라고요."

집사님은 호탕하게 웃으시더니 내게 조언을 해주셨다.

"최 집사, 한 번 만나고 그걸 어떻게 알아. 최소한 세 번은 만나 봐야지. 그러지 말고 한 번 더 만나 봐."

나는 마음을 돌이켜 도 자매에게 전화를 걸었다. 전화를 받는 그녀의 목소리가 매우 밝았다. 마치 내 전화를 기다린 듯했다.

두 번째 만남에서 나는 그녀가 하나님이 준비하신 자매라는 것을 알

수 있었다. 끊임없이 예수님 이야기, 복음 이야기를 하는 그녀의 모습에 매료되고 말았다.

그날 내 차 안에는 예전에 작업했던 성인 만화책이 있었다. 내가 어떤 만화를 그렸는지 도 자매가 궁금해하길래 나는 아무 생각 없이 그 책을 그녀에게 건네주었다.

세 번째 만남을 가지려고 도 자매에게 전화를 걸었다. 그런데 그녀가 여러 가지 이유를 대며 청천벽력 같은 제안을 했다. 서로가 하나님이 원하시는 배우자가 맞는지 기도해 보자는 것이었다. 별생각 없이 보여준 그 성인 만화책이 화근이었다. 그녀는 율법의 잣대로 나를 판단하기 시작했던 것이다. 뒤늦게 후회가 밀려왔다. 전화를 끊고 나니 기도해 보자는 자매의 말이 계속해서 머릿속에 맴돌았다. 작업해야 할 원고가 많았지만, 결국 모든 일을 중단하고 기도원에 다시 들어갔다.

그때는 무더위가 아직 한창인 8월 중순쯤이었다. 기도원에 도착한 나는 속상한 마음을 안고 본당에 털썩 주저앉아 말씀을 들었다. 강사 목사님은 신기하게도 어떤 노총각, 노처녀 이야기를 해주셨다. 그날 들은 목사님의 말씀을 옮겨 보겠다.

어느 날, 마흔 넘은 노총각이 저를 찾아와 고민을 털어놓았어요.
"저는 나이도 많고, 홀어머니를 모시고 있는 데다가 돌봐야 할 동생들도 있어요. 방 한 칸 마련할 돈도 없지요. 누가 이런 저에게 시집을 오겠어요? 저는 가족들을 돌보느라 공부도 많이 못했어요. 그런데 목사님, 저 장가가고 싶어요."

제가 해줄 수 있는 말이 딱히 뭐가 있겠어요. "그냥 하나님 앞에서 우세요."라고 했습니다. 그다음 날부터 그 형제가 예배당 좌편에서 마구 울더군요.

이번에는 한 노처녀가 저를 찾아왔어요.

"목사님, 저는 마흔이 훌쩍 넘었어요. 대학원도 졸업하고, 돈도 조금 있고…. 그런데 아직 결혼을 못했어요. 시집가고 싶어요."

제가 무슨 능력이 있나요. 그 자매에게도 "그냥 하나님 앞에서 우세요."라고 했습니다.

다음 날 보니 두 사람이 예배당 좌우편에서 흐느껴 울고 있더군요. 제가 어떻게 했겠어요? 그 둘을 목양실로 오라 해서 선을 보게 했습니다. 그래서 어떻게 되었냐고요? 둘이 결혼해서 아주 잘 살고 있답니다.

그냥 하나님 앞에서 울라는 목사님의 말씀에 정신이 번쩍 뜨여 기도원 건물 밖 작은 동산으로 올라갔다. 본당에서 에어컨 바람을 맞으며 기도하는 것은 아니라는 생각이 들었다. 동산에는 애절하게 기도하고 계신 분들이 많았다. 그분들처럼 기도해야겠다는 마음에 나무를 붙잡고 큰 소리로 외쳤다.

"하나님, 하나님이 준비해 주신 자매 같은데 제가 성인 만화책을 주는 바람에 일을 다 그르쳤습니다. 그 자매의 마음을 돌이켜 주십시오."

마치 어린아이가 아버지 앞에서 자초지종을 말하듯 모든 일을 하나님께 고했다. 기도하기가 무섭게 핸드폰 벨 소리가 울렸다. 전화를 받아보니 도 자매였다. 그만 만나자고 통보하려고 한 전화였다. 그런데 통보하기 전에 미안한 마음이 들었던지, 도 자매가 나의 근황을 물었다.

"최 집사님, 지금 시골이신가 봐요?"

"왜요?"

"수화기 너머로 개구리 소리가 들리는데요."

"에이, 아니에요. 개구리 소리가 아니고 옆에 어떤 분이 방언 기도하는 소리예요."

그러고는 좀 전에 목사님께 들은 노총각, 노처녀 이야기를 해주었다. 도 자매가 배꼽을 잡고 웃는데, 나는 아랑곳하지 않고 진지하게 말을 이어 나갔다.

"하나님 앞에서 울다 보면 응답해 주시겠죠."

확신에 찬 나의 믿음의 말에 잠시 정적이 흘렀다. 도 자매가 곧 입을 열었다.

"집사님, 하나님이 주시는 마음 같아요. 결혼하겠습니다."

결혼 후에 아내가 그날 일에 대해 말해 주었다. 인생의 문제 앞에 모든 것을 다 내려놓고 하나님과 독대하는 사람이라면, 결혼해서도 하나님의 울타리 안에 머물겠다는 확신이 들어 결혼을 결정했다고 한다.

주일날 집사님이 또 물어보셨다.

"그 자매랑 어떻게 됐어?"

"네, 집사님, 결혼하려고 합니다."

"뭐? 몇 번 안 만났는데 결혼하겠다고?"

걱정이 되셨는지 집사님은 말을 정정하셨다.

"남녀 관계는 최소한 반년 정도 교제해 보고 정해도 늦지 않아."

이렇게 해서 나는 믿음의 순례자, 내 아내를 만났다. 병이 나은 이후 덤으로 사는 인생에 아내도 생기고, 딸도 생겼다. 정말 대박 아닌가? 그런데 그 아내가 믿음의 동역자라니…. 이보다 더 좋은 일이 어디 있겠는가?

이 땅에 살면서 결혼 생활이 어떻게 순조로울 수만 있겠는가? 나와 내 아내도 크고 작은 문제로 하루에도 몇 번씩 천국과 지옥을 오간다. 하지만 그 또한 하나님 손에 단단하게 다듬어지는 과정이라 생각한다. 일상을 함께 나눌 수 있는 믿음의 친구가 곁에 있음에 늘 감사하다. 각박한 세상이지만 남편으로서, 아내로서 묵묵히 자신의 자리를 지켜 내는 것이 진정한 선을 이루는 일이 아닐까?

> 남편들아 이와 같이 지식을 따라 너희 아내와 동거하고 그를 더 연약한 그릇이요 또 생명의 은혜를 함께 이어받을 자로 알아 귀히 여기라 이는 너희 기도가 막히지 아니하게 하려 함이라(벧전 3:7).

그 길에서 만난 친구
— 최철규

잠깐 왔다 가는 인생.
그 길에서 만난 친구.
즐거우나 괴로우나
한평생 살아가네.

그 친구 언제나 좋은 친구.
그 친구 생각하니 눈물이 나네.
그 친구 고운 손이
중년의 손이 되었구나.

오늘도 그 친구와
걸어가는 인생길.
힘들 때나 괴로울 때나
나를 잡아 주는 그 친구.

오늘도 그 친구
이름 불러 보네.
여보.

가엾은 무지 씨, 당신은 믿음의 역사에 대해서 전혀 모르는군요. 공상에서 깨어나 당신 자신의 비참한 상태를 깨닫고 예수님을 바로 믿으십시오. 하나님의 의인 그리스도의 의를 힘입는다면(하나님께서 그리스도 자신이시기 때문에) 당신은 하나님의 저주에서 벗어나게 될 것이오.

7

당신은 예수님의 의를 덧입은 의인입니다
무지

세상에 많은 사람은 옳은 것을 추구한다. 무엇이 옳은지에 대해서는 의견이 분분할 수 있겠으나, 내가 말하고자 하는 옳은 것이란 아주 기본적인 것을 말한다. 사람은 옳은 자가 되기를 추구하나, 완전하게 옳게 살 수 있는 사람은 없다. 단지 그렇게 되기를 바랄 뿐이다.

성경에서는 옳지 않은 죄인을 '의인'이라 부른다. 전제가 있긴 하지만, 참 이상하지 않은가? 여전히 죄를 범하고 있는 사람에게 어떻게 의인이라 부를 수 있는가? 나는 개인적으로 이 단어를 세상에서 가장 아름다운 말이자 가장 능력 있는 말이라고 정했다. 나는 이 단어를 매일 부른다. 딸아이의 이름을 통해서 말이다.

"의인아! 의인아!"

일상에서 늘 부르기 때문에 나에게는 참 익숙한 말이다. 그런데 이 말이 때로는 나를 잠시 멈추게 한다.

'의인…. 의인…. 내가 어떻게 의인이 되었는데 아무렇게나 살아. 그럼 안 되지.'

나는 사람들 앞에서 신앙 이야기를 나눌 때면 "당신은 예수님의 의를 덧입은 의인입니다."라는 인사말과 함께 내 인생 가운데 하나님이 어떻게 일하셨는지, 겪었던 모든 일을 풀어놓는다. 딸아이의 이름을 의인이라고 짓기까지는 거의 10개월이 걸렸다. 의인이라는 정체성을 오롯이 깨닫는 데도 꽤 많은 시간이 걸렸다.

성경 속에만 있는 그 단어가 나를 어떻게 일깨웠는지, 일상에서 있었던 소소한 일을 적어 본다. 소소하다고 표현하지만, 사실 그때는 정말 강렬한 일이었다.

2006년 10월, 나는 아내와 결혼했다. 아내는 6남매 중 막내였다. 아내는 처음 만났을 때 내게 말했다.

"둘째 언니의 남편, 그러니까 제 둘째 형부는 췌장암 말기세요. 지금 투병하고 계세요."

국립암센터에서는 형님께 수술을 권유하지 않았다고 한다. 길면 6개월, 짧으면 3개월, 생의 마지막을 가족과 함께 지내는 게 좋을 것 같다고 말해 주었다고 한다. 방사선 치료로 인해 형님은 결국 우리 결혼식에 참석하지 못하셨다.

결혼식을 올린 후 아내와 나는 일주일에 두 번 이상 일산 형님 댁에 가곤 했다. 교회에 나가 본 적 없는 형님에게 복음을 전하기 위해서였다. 죄와 의, 심판과 구원, 그리고 하염없이 부어 주시는 하나님의 은혜에 대해서 꼭 알려 드리고 싶었다. 신앙을 가진 지 얼마 되지 않은 처형과 아직 어린 조카들에게는 조금이라도 위로를 주고 싶었다.

결혼 후 약 두 달 뒤에 아내가 아기를 가졌다는 것을 알게 되었다. 아내와 나는 늦은 나이에 결혼한 터라 하나님이 주신 태의 열매가 너무나도 귀하고 감사했다. 우리는 배 속 아기의 이름을 '평강'이라 지었다. 우리의 삶에 평강이 있길 간절히 원하면서 말이다.

주일 오후, 아내의 전도사 사역이 끝나면 우리 부부는 어김없이 일산으로 향했다. 아내는 내가 그곳에서 가정예배를 인도하도록 권유했다. 나는 형님 몸에 손을 얹고 아픈 곳을 쓰다듬어 드리며 형님을 위해 힘껏 기도했다. 저녁 식사 후에는 나의 신앙 이야기와 함께 예수님을 믿는 자를 의롭다 하시는 것에 대해 전해 드렸다. 병상에서 하나님 이야기를 들은 형님은 점점 하나님에 대해 호기심을 갖기 시작하셨다.

우리 부부는 형님이 주님을 꼭 만나기를 바라는 마음으로 성경책을 선물했다. 형님은 성경책을 읽기 시작하셨고, 아플 때마다 「주님 손 잡고 일어서세요」라는 찬양을 듣곤 하셨다. 그때 형님의 나이는 42살이었다. 너무도 젊은 나이였다. 형님은 방사선 치료를 받으면서 183cm 건장한 체구가 하루가 다르게 야위어 가셨다. 도드라진 광대뼈, 티셔츠 속으로 드러난 쇄골, 야윈 팔다리가 얼마 남지 않은 이 땅의 삶을 말해 주는 듯했다.

아내는 차츰 배가 나오자 나에게 물었다.

"여보, 아이 이름을 뭐라고 지을까?"

"그러게. 아직 잘 안 떠오르네. '고야라고 지으면 어때? '최고야.' 놀림 받을 이름이려나?"

"음…. 그 이름은 다른 사람이 짓지 않았을까? 사실 내가 생각해 둔 이름이 있는데…."

"뭔데?"

"어, '의인….' 사실은 처녀 때 복음을 듣고 의인 된 게 너무 기뻐서 결혼해서 아기를 낳으면 꼭 '의인'이라고 짓고 싶었어. 27살 때부터 기도했어."

"아, 그렇구나. 그런데 마음에 확 와닿지는 않네."

"그럼 기도하면서 더 생각해 보고 좋은 이름 있으면 짓지, 뭐."

나는 말을 계속 이어 갔다.

"여보, 우리 최씨 집안은 돌림자가 있어. 아버지가 이름을 지어 주실 거야."

"정말? 그런데 우리 아이 이름이니 우리가 마음을 담아 지으면 안 될까? 우리가 평생 부를 이름인데…. 알겠어. 더 기도해 보지, 뭐."

그 뒤로도 몇 번 이름에 대해서 서로 이야기했지만, 별다른 결론을 내리지 못했다. 그러던 차에 태중에 있는 아기가 딸임을 알았다. 딸은 돌림자를 꼭 쓰지 않아도 되었다. 하지만 아내는 이름 짓는 일에 대해 더는 말하지 않았다. 내가 탐탁지 않아 했기 때문일 것이다.

그렇게 9개월이 지날 무렵 형님은 병과의 사투가 극에 달하셨다. 말씀과의 사투도 계속되었다. 믿은 지 1년이 채 되지 않은 형님은 말씀에 대한 확신이 부족해, 그로 인해 고민하는 모습이 역력했다. 그래도 형님은 앞을 보며 믿음을 향해 달려가셨다. 형님 가정은 유독 우리 부부를 의지했다. 아내는 산달이 가까워져 몸이 더욱 힘들어졌지만, 일주일에 두세 번 형님 댁에 가는 것을 계속 함께했다.

2007년 7월 어느 늦은 밤, 전화벨이 울렸다.
"최 서방, 형님이 위독해. 오늘 밤 고비를 못 넘길 것 같다고 하네. 일산으로 와 주면 안 될까?"
처형의 목소리는 다급했다. 전화를 끊고 혼자 국립암센터로 향했다. 새벽 2시가 채 안 된 시간이었다. 형님의 마지막 자리를 옆에서 지켜야 했다.
처형이 잠깐 자리를 비운 사이, 형님은 숨을 가쁘게 쉬기 시작하셨다. 그때는 새벽 3시쯤이었다. 남은 시간이 길면 6개월, 짧으면 3개월이라고 했던 의사의 말과 달리 형님은 1년 동안 가족 곁에 계셨다. 하나님은 그 시간을 통해 형님이 예배자로 서 가면서 말씀에 대해 고민하고, 하나님 나라를 알아 가도록 하셨다. 투병 생활을 옆에서 지켜보는 것이 안타깝고 아픈 시간이었지만, 하나님은 형님이 하늘에 소망을 두도록 만드신 시간이었다. 그런데 그 시간도 이제 마지막이 다가왔다. 형님은 마른 입을 힘겹게 여셨다.

"철규야, 네가 말한 그 나라에 먼저 가서 기다릴게. 고마웠다…."

말이 끝나자, 심폐기 모니터가 일자를 그으며 형님은 그렇게 세상을 떠나셨다. 두 눈에 그렁그렁했던 눈물이 볼을 타고 흘러내렸다. 형님은 이 세상과 이별하는 마지막 순간에 왜 그 말을 남기고 싶으셨던 걸까? 나는 형님의 손을 붙잡고 이렇게 말했다.

"형님, 저도 언젠가 갈 테니 그곳에서 편히 기다리고 계세요."

마른 뼈에 생명의 싹이 난 것을 하나님은 보여 주셨다. 하나님은 영원히 하나님을 모르고 죄인으로 삶을 끝마칠 수 있었던 한 영혼에게 구원의 빛을 쏟아부어 주셨다. 병과 암울한 사투를 벌인 한 영혼의 결말을 어떻게 이렇게 아름답게 만드셨는지, 생명에 이르는 지혜와 믿음을 주신 하나님께 입술을 벌려 감격할 뿐이다.

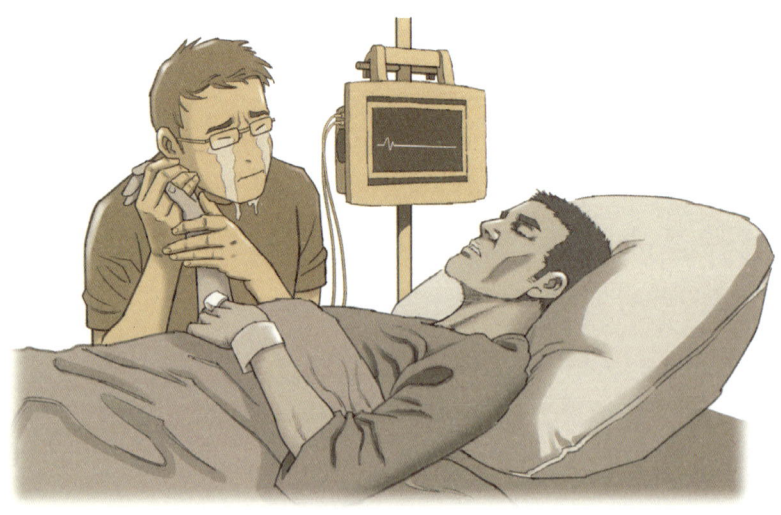

아내와 나는 장례식이 끝나는 날까지 빈소를 지켰다. 형님이 다니시던 교회에서 장례식을 주관했다. 입관 예배 때 목사님은 의인에 관한 로마서 말씀을 전해 주셨다. 율법의 행위로 말미암지 않는 의, 예수 그리스도를 통해 덧입은 의, 의롭다 하심을 얻은 우리가 바라보고 즐거워해야 할 하나님의 영광과 그 예수 안에 있는 영생을 그 짧은 시간에 단순, 명쾌하게 설명해 주셨다.

> 그러므로 사람이 의롭다 하심을 얻는 것은 율법의 행위에 있지 않고 믿음으로 되는 줄 우리가 인정하노라(롬 3:28).

> 이는 죄가 사망 안에서 왕 노릇 한 것같이 은혜도 또한 의로 말미암아 왕 노릇 하여 우리 주 예수 그리스도로 말미암아 영생에 이르게 하려 함이라(롬 5:21).

> 또한 그로 말미암아 우리가 믿음으로 서 있는 이 은혜에 들어감을 얻었으며 하나님의 영광을 바라고 즐거워하느니라(롬 5:2).

예배가 얼마나 은혜가 되었는지 장례식장에 감동의 물결이 흘러넘쳤다. 빽빽이 앉은 조문객들 사이로 아내가 보였다. 아내와 나는 눈이 마주쳤다. 우리는 서로 무언가 결단했다는 듯 눈빛을 주고받았다. 예배 후에 나는 기쁜 얼굴로 아내에게 말했다.

"여보, 아이 이름을 '의인'이라 지읍시다. 의인 된 것이 이렇게 기쁠 줄이야! 의인, 보통 신분이 아니네."

의인 됨의 기쁨을 잘 알지만, 혹시 딸아이가 놀림을 받게 될까 봐 그 이름을 지어 주고 싶지는 않았다. 하지만 형님이 가시는 장례식장에서 나는 결국 그 이름으로 결정했다. 형님이 돌아가시고 일주일 후에 딸아이가 태어났다. 세상에서 가장 아름다운 말, 가장 능력 있는 말인 '의인'이란 이름을 가지고 세상에 첫발을 내디딘 것이다.

『천로역정』의 한 대화를 끌어와 본다. 『천로역정』 후반부를 보면 '무지'라는 사람이 나온다. 무지는 예수 그리스도의 의를 통해 구원에 이른다는 것을 모르는 자다. 그리스도의 의를 모르는 무지에게 크리스천은 확실히 못 박으며 이렇게 말한다.

(그리스도의 의란 하나님께서 당신의 순종을 받아들이셔서 의롭다 함을 받게 하는 은혜의 행위가 아니라 우리에게 요구되는 바를 그리스도께서 우리를 위해 대신 행하시고 담당하심으로써 율법에 대해 순종하신 것을 말합니다.) 그러니까 진정한 믿음이란 이 그리스도의 의를 받아들이는 것이라는 얘기요. 그리스도의 의의 옷자락 아래 우리 영혼의 수치가 가려짐으로써 우리는 흠 없고 티 없는 모습으로 하나님 앞에 나아가 받아들여지고 저주에서 벗어나게 되지요.

그러나 무지는 그래도 우리가 의로운 행동을 해야 하지 않느냐고 말하면서 이렇게 반박한다.

아니! 이것 보시오! 우리의 행위 없이 믿기만 하면 된다니?… 우리가 그리스도 한 분의 의로 모든 죄에서 벗어나 의롭다 함을 입게 된다고 믿는다면 우리가 어떻게 살든 무슨 상관이 있겠습니까?

나도 무지처럼 이야기했었다.
"그래도 내 의가 있어야지. 예수님 앞에서 부끄럽지 않게 고개를 조금 들 수 있을 정도의 의는 있어야 하지 않겠어?"
그런데 웬일인가? 의로운 행동으로 옳다고 인정받으려 수없이 노력했지만, 일주일을 못 넘겼다. 선한 행위로 의롭다 하심을 얻을 육체가 없는데 말이다. 부끄럽지 않을 정도의 의를 운운했던 나는 결국 이렇게 결론 내리며 고개를 떨구었다.
'여전히 나는 죄를 짓고 있는데 어떻게 의롭다 하심을 입게 되겠어? 그냥 죄인일 뿐이지.'
나는 내 의를 인정받는 일에만 집중하느라 예수님의 의를 받아들이지 못했다. 예수님의 의가 걸림돌이 된 것이었다. 말씀이 어려워 걸림이 된 것이 아니라 받아들이지 않는 죄의 고집과 무지 때문이었다. 결국 나는 말씀을 읽고 또 읽었다.

그런즉 한 범죄로 많은 사람이 정죄에 이른 것같이 한 의로운 행위로

> 말미암아 많은 사람이 의롭다 하심을 받아 생명에 이르렀느니라 한 사람이 순종하지 아니함으로 많은 사람이 죄인 된 것같이 한 사람이 순종하심으로 많은 사람이 의인이 되리라(롬 5:18-19).

아담 한 사람이 순종하지 아니함으로 많은 사람이 죄인 된 것같이 예수 그리스도 한 분이 순종하심으로 말미암아 많은 사람이 의인이 되어 생명을 얻게 되었다. 이 말씀이 살아서 나의 눈에, 마음에 박혀 버렸다. 아담의 죄로 인해 내가 나의 의지와 상관없이 죄인으로 태어나듯이 예수님의 의로운 행위로 내가 값없이 의인이 되는 것이다.
'의인 되는 것은 예수님의 생명 값으로 거저 이루어지는 일이구나….'
죄인이라는 무거운 짐이 내 안에서 뚝 떨어져 버렸다.

> 사람이 의롭게 되는 것은 율법의 행위로 말미암음이 아니요 오직 예수 그리스도를 믿음으로 말미암는 줄 알므로 우리도 그리스도 예수를 믿나니 이는 우리가 율법의 행위로써가 아니고 그리스도를 믿음으로써 의롭다 함을 얻으려 함이라 율법의 행위로써는 의롭다 함을 얻을 육체가 없느니라(갈 2:16).

우리는 율법의 행위로 의롭게 되는 것이 아니라, 오직 예수 그리스도를 믿는 믿음으로 의롭게 된다. 율법 안에서 의롭다 하심을 얻으려 했던 나는, 교회 마당은 열심히 밟았지만 그리스도 안에서 끊어지고 은혜에서 떨어진 자였다.

딸아이는 이제 어엿한 중학생이 되었다. 가끔 딸에게 이렇게 말해 주곤 한다.

"의인아, 이 땅에서 사는 동안 예수님을 믿지만, 여전히 실수하고 죄짓고 넘어지는 일이 많을 거야. 하지만 너의 신분이 의인이라는 것을 절대 잊으면 안 된다. 사람은 자기가 누구인지를 정확히 알면 아무렇게나 살 수 없어. 언젠가 엄마, 아빠가 이 세상에 없을 때가 올 거야. 그때도 이 말을 잊어버리면 안 돼. 너는 의인이고, 의인답게 신분에 맞는 절제의 삶을 살아야 한다. 알겠지?"

"네, 아빠."

그는 두루마리를 읽고 나서 전도자의 얼굴을 매우 진지하게 쳐다보며 물었다.

순례자 : 어느 쪽으로 피해 가야 합니까?

전도자 : (크고 넓은 들판을 가리키면서) 저쪽에 조그마한 문이 보입니까? (마 7:13-14)

순례자 : 안 보이는데요.

전도자 : 저쪽에 반짝이는 빛은 보입니까? (시 119:105; 벧후 1:19)

순례자 : 보이는 것 같습니다.

전도자 : 저 빛을 계속 바라보면서 그리로 곧장 가십시오. 그러면 좁은 문이 나타날 것입니다. 거기서 문을 두드리면 누군가가 나와서 당신이 어떻게 해야 할지 알려 줄 것입니다.

8

어머니의 책
좁은 문

운전할 때 다른 길로 접어들 때면 가족에게 자주 하는 말이 있다.
"걱정하지 마. 길은 다 연결되어 있으니까."
세상의 길과는 달리 하나님께로 가는 길은 오직 하나뿐이다. 다른 길은 없다. 좁은 문, 좁은 길을 통과해야만 천성에 이르고 생명으로 인도된다. 하나님이 나를 좁은 문, 좁은 길로 인도하신 이야기를 꺼내어 본다.

어린 시절 나와 내 형제들은 교회에서 개구쟁이로 유명했다. 사고를 쳤다 하면 대형 사고였는데, 형제 중에 제일 사고뭉치는 셋째인 나였다. 내가 벌인 사고 중에 지금도 기억나는 일이 있다. 한번은 교인들이 예배당 밖에 벗어 놓은 신발을 비닐 쌀가마니에 숨긴다는 게 실수로 아궁이에 숨겼다가 다 태워 버린 적이 있다. 한 개구쟁이의 장난으로 교인들은 모두 그 추운 겨울날 맨발로 집에 돌아가야만 했다.

그렇게 큰 사고를 치고도 나는 장난을 멈출 줄 몰랐다. 당시 텔레비전에서 「말괄량이 삐삐」라는 외화를 방영했는데, 그 외화를 보고 나서 나도 삐삐처럼 가볍다는 것을 보여 주고 싶었다. 한참을 궁리한 끝에 나는 교회 주차장으로 달려가서 자동차 위로 올라가 힘차게 뛰기 시작했다. 마치 날개가 달린 듯 이 차, 저 차 옮겨 가며 그 위에서 마구 뛰어 댔다.

예배를 마치고 주차장으로 온 교인들은 차 위에서 뛰고 있는 나를 보고 할 말을 잃었다. 경찰공무원이셨던 아버지는 교인들의 차를 수리해 주느라 한 달 월급을 몽땅 날려 버리셨다. 이런 돌발적인 일이 잦다 보니 아버지는 내가 사고를 치면 아무 잘못 없는 큰형과 작은형을 불러 동생을 돌보지 않았다는 이유로 부러지지 않는 향나무로 형들의 엉덩이에 불 마사지를 해주셨다.

어머니는 불교와 유교가 뒤섞인 집안에 시집을 오셨다. 어머니는 결혼하면서부터 크고 작은 병을 많이 앓으셨다. 그때마다 병원에서는 살 수 있는 시간이 얼마 남지 않았다며 시한부 선고를 내렸다. 어머니는 모든 상황을 하나님께 기도로 아뢰셨고, 폐결핵 4기에서 기적적으로 치유되는 일과 몇 번의 또 다른 치유의 기적을 경험하셨다. 그 일을 계기로 아버지와 할머니도 교회에 다니기 시작하셨다.

아무리 힘든 일이 있어도 어머니는 이른 새벽부터 우리를 위해 기도에 힘쓰셨다. 하루도 거르지 않고 새벽예배에 나가셨던 어머니는 예배를 마치고 집에 돌아오면 깊은 잠에 빠진 세 아들에게 늘 안수 기도를 해주셨다. 어머니가 차가운 손으로 내 이마를 짚으실 때면 잠결에 움찔하곤 했다.

"하나님 아버지, 저에게 맡겨 주신 아이들이 사고를 많이 치지만, 이 아이들이 자라서 하나님께 귀하게 쓰임 받길 원합니다."

조용히 울며 기도하시던 어머니의 따뜻한 기도 소리가 지금도 내 귓가에 맴도는 듯하다.

어머니는 내가 학교에서 돌아올 때면 좀처럼 집에 계시지 않았다. 전도하러 나가셨기 때문이다. 나중에는 할머니까지 합세하여 전도에 불을 붙이셨다.

우리 집 근처 좁은 골목길 입구에는 굴뚝이 세워져 있었는데, 겨울이 되면 거지 형님들이 몸을 녹이려고 도드라진 굴뚝 벽에 기대어 앉아 있곤 했다. 어머니는 형님들을 집으로 데려와 따뜻한 밥 한 끼를 대접하곤 하셨다. 냄새나는 형님들 앞에서 얼굴을 찡그리면, 형님들이 가고 난 후 가차 없이 혼이 났다. 초등학생이 바라보기에는 어머니의 그런 일상이 잘 이해되지 않았다.

'왜 우리 엄마는 다른 엄마들처럼 주말 드라마를 보지 않으시는 걸까? 왜 쉬지 않고 교회 일만 하시는 걸까? 적당히 하시지. 왜 저렇게 힘들게 사시는 걸까? 무엇이 엄마를 저렇게 사시게 하는 걸까?'

내가 초등학교 5학년이 되었을 무렵 어머니는 폐결핵이 척추로 전이 되어 디스크 수술을 받으셨다. 척추를 30cm가량 여는 개복 수술이었다. 어머니는 수술 후에 골반부터 허벅지까지 깁스를 하셨고, 그때부터 할머니가 어머니의 기저귀를 갈아 주셨다.

'엄마는 주님을 위해서 일하셨는데 왜 저렇게 아프신 걸까? 하나님이 살아 계시기는 하는 걸까?'

나는 편찮으신 어머니를 보며 마음이 늘 불편했다.

그러던 내가 중학교 1학년이 되었을 때 어머니는 두 번째 수술을 받으시고 의식 불명 상태가 되셨다. 의사들은 어머니의 뇌에 물이 차 있다고 하며 물을 빼내는 시술을 했다. 그러자 어머니는 잠시 의식이 돌아오셨다. 어머니는 눈을 뜨자마자 자신이 이제 하나님 나라에 간다는 것을 아신 듯 마지막 기도를 드리셨다.

"하나님, 제 남편이 예수님을 만나 교회 일에 충성된 장로가 되게 해주세요. 그리고 저에게 맡겨 주신 아들 세 명 가운데 주님의 길을 걷는 아들이 나오게 해주세요."

기도를 마치신 어머니는 항상 부르시던 찬송 「하늘 가는 밝은 길이」(새찬송가 493장)를 1절도 채 부르지 못하고 숨을 거두셨다. 그때 어머니 나이 마흔하나셨다.

천성을 향해 가는 크리스천의 순례 여정은 반드시 좁은 문을 통과해야만 시작된다. 좁은 문을 통과하지 않고 담을 넘은 '허례'와 '위선'은 이렇게 이야기한다.

그 문으로 가기까진 너무 멀지요. 그래서 우리 마을 사람들은 보통 지름길을 이용합니다. 지금 우리도 그들처럼 담을 넘어서 온 것입니다.

어느 길로 들어왔는지 그게 무슨 상관이 있느냐고 하는 허례와 위선에게 크리스천은 말한다.

율법이나 행위로는 구원받을 수 없습니다. 좁은 문으로 들어와야만 됩니다(갈 2:16). 무거운 짐을 벗던 날, 주님은 사랑의 증표로 이 옷을 입혀 주셨지요. … 이제 내가 하늘나라 문 앞에 이르면 주님은 그 옷을 보고 나를 알아보실 것입니다. … 내 이마에는 그날 내 주님과 가장 가까운 분 중의 한 분이 인 쳐 주신 징표도 있고 선물 받은 봉해진 두루마리 책도 하나 갖고 있지요.

허례와 위선은 끝내 고난의 길이 아닌 위험이란 길과 멸망이란 길로 들어서게 된다.

순례 길에서 좁은 문이 중요한 이유는 순례자가 제일 먼저 통과해야 하는 문이기 때문이다. 좁은 문을 통과하지 않고 순례 길을 걷는 것은 있을 수 없는 일이다. 예수님은 "좁은 문으로 들어가기를 힘쓰라"고 강하게 권하신다.

좁은 문으로 들어간다는 뜻이 과연 무엇일까? 고생 고생해서 들어가는 문만이 좁은 문이라고 생각하지는 않는다. 내가 선택하고 극복한 고난의 길이 생명 자체는 줄 수 없기 때문이다. 남들이 가지 않는 길, 고난의 길, 나를 부인하는 길에서 남들과 다른 대견한 나를 챙기는 인간의 죄성을 분명히 나는 보았다. 좁은 문 되신 예수님을 바라본 후 '나는 안 되는 존재구나', 예수님이 없으면 절대로 걸을 수 없는 길임을 알고 철저하게 그분을 의지하면서 가는 길이 좁은 길이요, 좁은 문이다. 이것이 나에게 있어 좁은 길, 좁은 문의 의미다.

인간 힘으로 걸을 수 없는 길이기에 고난의 길에서, 나를 부인하는 길에서 자랑이 없다. 그러나 사탄은 이런 나를 향해 연실 화살을 쏘아 댄다.

"너의 힘으로 고생 고생해서 그 길을 걸어가야지, 네가 행하는 의로운 행위가 너를 좁은 길로 인도할 거다."

교묘한 사탄의 속임수에 늘상 넘어지곤 한다.

좁은 문으로 들어가기를 힘쓰라 내가 너희에게 이르노니 들어가기를 구하여도 못하는 자가 많으리라(눅 13:24).

어머니는 하늘에 소망을 두고 좁은 길을 선택하신 분이었다. 어렸을 때는 그 사실을 잘 몰랐다. 어느덧 나는 중년의 나이가 되었다. 세월이 꽤 흘렀지만 어머니의 삶, 어머니가 걸어가신 그 길이 아직도 생생하게 떠오른다.

나는 어려서부터 교회를 다녔지만 예수님을 어설프게 믿었다. 성인

이 되어서는 아예 무신론자처럼 살기도 했다. 질병이라는 엄청난 고난을 통해 십자가 앞에 납작 엎드렸지만, 막상 현실 속에서 좁은 길을 가기란 쉽지 않았다. 좁은 길은 나를 부인하며 걸어가야 하는 길이며, 믿음 없이는 절대 갈 수 없는 길이기 때문이다.

기독교 콘텐츠로 전향해 10년 동안 공과 책만 만들다가 어느 날 이 말씀을 읽게 되었다. 하만이 유다 민족을 모두 없애려는 계획을 세웠을 때, 모르드개가 에스더 왕비에게 한 말이다.

왕후의 자리를 얻은 것이 이때를 위함이 아닌지 누가 알겠느냐(에 4:14).

나는 이 구절을 묵상하며 하나님께 이렇게 구했다.
"하나님, 저를 살려 주시면서 하나님이 분명히 준비하신 일이 있을 줄 믿습니다. 제가 이 시대 가운데 무엇을 해야 하나요?"
그 순간 어머니의 삶이 주마등처럼 머릿속을 스쳐 갔다.
어머니의 병상 머리맡에는 항상 두 권의 책이 있었다. 한 권은 성경책이었고, 다른 한 권은 『천로역정』이었다. 어느 날, 목사가 된 작은형의 서재에서 어머니의 유품인 『천로역정』을 발견하게 되었다. 내가 너무 기뻐하자 작은형은 그 책을 나에게 주었다.
누렇게 색이 바랜 『천로역정』을 집에 가져와 찬찬히 읽어 내려갔다. 어머니가 왜 병상에서도 이 책을 놓지 않으셨는지 알 것 같았다. 하늘에 대한 소망을 끝까지 붙들게 하는 강력한 힘을 가진 책이기 때문이리라.

책을 다 읽고 나 또한 어머니처럼 좁은 길을 가리라 다짐했다. 그리고 내가 가야 할 길을 분명히 알았다.

'이 땅에서 나의 사명은 『천로역정』을 누구나 읽기 쉬운 만화로 만드는 것이다. 나는 그렇게 좁은 길을 걸어갈 것이다.'

많은 사람이 완독을 포기한 이 어려운 고전을 모든 사람이 쉽게 이해하고 그 마음이 천성을 향하도록 해야겠다는 열망이 내 가슴을 뛰게 했다. 나는 이 마음이 주님이 주신 마음일 거라고 확신했다.

열정만 있다고 좁은 길을 갈 수 있는 것은 아니다. 무지하고 연약한 한 인간이 주님이 가신 그 좁은 길을 어떻게 열정만으로 뒤쫓아 갈 수 있겠는가? 그 길에서, 움켜잡은 것을 내려놓는 자로, 자신을 부인하는 자로, 고난을 즐거워하는 자로 서야 한다. 그 길은 은혜 아니면 걸을 수 없는 길이다.

내 안에는 고난을 통해서만 볼 수 있는 하나님이 풍성하다. 오늘도 하나님 앞에 작은 고백을 올려 드린다.

"고난이 기다릴지라도 하나님이 허락하신 길이라고 믿기에 오늘도 묵묵히 그 길을 걸어갑니다."

> 좁은 문으로 들어가라 멸망으로 인도하는 문은 크고 그 길이 넓어 그리로 들어가는 자가 많고 생명으로 인도하는 문은 좁고 길이 협착하여 찾는 자가 적음이라(마 7:13-14).

그 사람이 주인을 부르러 가자 조금 뒤에 주인이라는 사람이 나와 자신을 해석자라 소개하며 무슨 일로 왔느냐고 크리스천에게 물었다.

크리스천 : 네, 저는 멸망의 도시를 떠나 시온산을 향해 가는 나그네입니다. 이 길 어귀 좁은 문에 사는 선의 씨가 이곳에 들르면 여행하는 데 도움이 될 만한 굉장한 것들을 보여주실 것이라고 당신을 찾아가라고 하셨습니다.

해석자 : 아, 그래요. 그럼 어서 들어오십시오. 도움이 될 만한 여러 가지를 보여 드리겠소.

9

저마다 불씨를 가지고 산다
해석자

누구나 마음속 깊은 곳에 창조주 하나님이 주신 불씨가 살고 있다고 믿는다. 그곳은 깊은 골짜기를 지나야 다다르는 곳이다. 그 불씨를 찾아 떠나는 여행은 멀고 험하다. 하지만 꿈이 있고 낭만이 있다. 마음속에서 찾은 불씨를 활활 타오르게 하려면 하나님의 도우심이 필요하다. 하나님은 그 불씨를 통해 우리에게 어떤 길을 만들어 내실까?

의인이가 한 살 때 일이다. 책가방을 메고 숨을 헐떡이며 4층 옥탑까지 급하게 올라온 아내가 현관문을 열며 말했다.
"여보, 나 수업 다 끝났어. 얼른 화실 갈 준비해. 이제부터 아기는 내가 볼게."
나는 오전에는 의인이를 돌보고, 오후에는 화실로 출근하며 바쁜 일상을 보내고 있었다. 기독교 콘텐츠 그림을 그리며 적은 원고료로 한 가정을 이끌어 간다는 것은 여간 고된 일이 아니었다. 결혼 당시 아내는 신학대학원에서 공부 중이었다. 그래서 아내 학교와 가까운 양재동의 한 빌라 옥탑방에서 신혼 생활을 시작했다.

의인이가 태어나면서 옥탑방의 작은 방마저 작업 공간으로 사용할 수 없게 되었다. 작업실이 없어 고민하던 중에 이현세 선생님과 식사 자리를 갖게 되었는데, 선생님이 내 사정을 듣고 화실을 자유롭게 사용하라고 허락해 주셨다. 다행히 화실이 집에서 그리 멀지 않아 오전에는 의인이를 돌보고, 오후에는 화실에서 그림을 그릴 수 있었다.

당시 이 선생님은 『천국의 신화』라는 작품으로 긴 법정 다툼의 시간을 보내신 후, 다음 세대를 위한 학습 만화 작업에 몰두하고 계셨다. 선생님의 화실을 내 작업실 삼아 그림 그리기를 어언 몇 달. 죄송한 마음이 내 생각의 끄트머리에 걸터앉아 토독토독 두드리고 있었다. 화실에서는 학습 만화 배경을 그릴 적당한 사람을 찾지 못해 여러 번 나에게 그 일을 제안했다. 그때마다 미안한 마음으로 거절했다. 하지만 재정적인 어려움과 선생님에 대한 죄송한 마음에 결국 그 제안을 수락했다.

나의 일상은 더욱 바빠졌다. 선생님 원고를 작업하느라 기독교 콘텐츠 그림은 집에 돌아온 후 늦은 밤에나 작업할 수 있었다. 재정적인 문제는 어느 정도 해결되었지만, 오후에 출근해서 학습 만화를 그릴 때면 머릿속을 맴도는 생각을 멈출 수가 없었다. 『천로역정』을 만화로 그려야 한다는 마음의 부담감이었다.

돌아가신 어머니의 머리맡에는 늘 손때가 잔뜩 묻은 『천로역정』 책이 놓여 있었다. 어린 나는 그 책 속에 그려진 그림을 곧잘 따라 그리곤 했었다.

"철규야, 오늘 밀가루 다 먹었으니 밀가루 포대 종이에 그림을 그릴 수 있겠구나."

종이가 귀하던 시절, 어머니가 밀가루 포대 종이를 반듯하게 잘라 선물로 주시면, 나는 거기에 등에 짐을 진 크리스천의 모습을 따라 그렸다. 『천로역정』에 대한 작은 불씨가 타오르기 시작한 것은 그때부터였던 것 같다.

"작은형, 나는 언젠가 『천로역정』을 꼭 만화로 그릴 거야."

무심코 입버릇처럼 던진 말이라고 생각했다. 하지만 내가 다다르지 못한 마음 깊숙한 곳에서 타오르는 불씨의 몸부림이었는지도 모른다. 그 불씨를 꺼내고 싶었지만, 환경은 녹록지 않았다.

어떻게든 『천로역정』을 그리겠다는 마음 하나로 어쭙잖게 펜을 들었다. 1차 시도는 그림 실력 부족으로 실패했고, 2차 시도는 글을 깊이 있게 쓰지 못해 실패했다. 3차 시도는 한두 발짝 진전이 있으나 물질이 없어서 더 이상 엄두를 내지 못했다.

'물질이 없으니 당연히 못하지.'

나는 이런저런 핑계를 대며 스스로를 위로했다.

환경에 나를 가두어 놓는 동안, 시간은 기다리지 않고 6년이 훌쩍 흘러가 버렸다. 일상은 점점 안정되어 갔다. 하지만 작은 불씨는 내 속에서 타오르고 있었을 뿐, 세상 밖으로 나오도록 나는 한 발짝도 발걸음을 떼지 못하고 있었다. 그림을 그리다 의자에서 쪽잠을 잘 때면 매번 같은 꿈을 꾸었다. 한 남자가 무거운 죄의 짐을 짊어지고 가는 꿈이었다. 꿈에서 깨면 『천로역정』을 향한 마음이 다시 불같이 일어났다.

"여보, 나 『천로역정』 그리고 싶어."

"음, 맞아. 언젠가는 그려야지. 그런데…."

둘 사이에 적막이 흘렀다. 아내는 조심스럽게 다시 말을 꺼냈다.

"여보, 2년 후에 그리면 안 될까? 난 아직 준비가 안 된 것 같아. 가난할 준비 말이야. 우리 딸 양말 하나 못 사 주고, 에어컨 없이 옥탑방에 살면서 밤에는 너무 더워 아기를 안고 양재천을 돌아다녔던 그 가난한 시간으로 돌아갈 자신이 없어. 미안해…."

이렇게 이런저런 사정으로 미루다가 6년이 흐른 것이다.

2010년, 나는 아내가 사역하던 논현동에 있는 교회에서 초등부를 섬기기 시작했다. 방송실 스태프 및 교사로 봉사하면서 한 해, 한 해 보내다가 어느 날부터인가 초등부 이 목사님께 마음을 털어놓기 시작했다.

그날은 주일 오후 예배를 마치고 초등부실 청소를 하고 있을 때였다. 이 목사님이 초등부실로 들어오셨다. 목사님이 손수 내린 향긋한 커피를 마시며 우리는 이야기꽃을 피웠다.

"저, 목사님, 말씀드리고 싶은 게 있는데요…."

"네, 말씀하세요."

"저에게 하나님이 이러한 마음을 주신 지 상당히 오래되었어요. 『천로역정』을 만화로 그리라는 마음이에요. 그런데 마음만 먹는다고 되는 일이 아니에요. 돈도 많이 들고 시간도 많이 걸리는 작업이라 해야 하는지, 말아야 하는지 잘 모르겠어요. 사실 시작하는 게 두렵기도 해요."

그러자 목사님은 이렇게 말씀하셨다.

"최 집사님, 하나님이 주시는 꿈과 사람이 꾸는 꿈은 구별할 수 있는 것 같아요."

"어떻게요?"

"사람의 마음은 쉽게 변한다는 것이죠. 예를 들어, 어떤 사람이 자동차를 샀어요. 그런데 한 달이 지나 그 모델 최신형 자동차가 나왔어요. 그러면 사람 마음이 어떤가요? 지금 타고 다니는 차도 좋은데 새 모델을 사지 못한 것을 아쉬워하지 않을까요?"

"그렇죠."

"사람이 꾸는 꿈은 이처럼 쉽게 변해요. 그러나 하나님이 주시는 꿈은 완전히 달라요. 하나님이 주시는 꿈은 언제나 한결같고, 계속하고 싶고, 이루고 싶고, 갈망하게 됩니다. 집사님이 저에게 하신 말씀을 들어 보면 분명 하나님이 주신 꿈이 맞는 것 같아요. 그 꿈을 이루어 보겠다고 세 번의 시도까지 해보셨다는 것은 마음이 이미 그곳을 향하고 있다는 반증 아닐까요?

집사님을 통해 『천로역정』이 만화로 만들어지길 하나님이 원하시는 것 같아요. 틀림없이 하나님이 주시는 마음일 거예요. 물질이 많이 들어도 그 길을 걷는다면 하나님이 채워 주시리라 믿습니다."

주일 오후 사역을 다 마치고 아내와 나는 집으로 돌아오는 차 안에서부터 그날 밤늦게까지 『천로역정』에 대한 이야기를 나누었다. 신혼 때부터 『천로역정』을 향한 내 마음을 자주 말했던 터라 아내는 언젠가 내가 그 일을 하리라는 것을 알고 있었다.

아내는 나에게 작업에 필요한 물질을 어떻게 마련해야 하는지 하나님께 기도해 보자고 했다. 만화의 여러 공정에 사람을 쓰려면 그만한 원고료가 필요했다. 나는 작업에 필요한 물질을 채워 달라고 날마다 기도하기 시작했다.

그렇게 일주일이 지났다. 초등부 예배, 헌금송을 부르는 시간이었다. "내게 있는 향유 옥합 주께 가져와 그 발 위에 입 맞추고 깨뜨립니다." 찬송을 부르는데 갑자기 봇물 터지듯 울음이 나왔다. 죽음의 순간 나를 건져 주신 하나님의 은혜가 물밀듯 밀려왔다.

28세 그 죽음의 순간 나를 건져 주신 아버지의 은혜를 망각한 채 살고 있었다. 어느 때부터인가 배가 고프면 먹고, 가고 싶은 곳이 있으면 가고, 뭐든지 내 마음을 따라 살았다. 내 육체와 삶의 주인은 여전히 나였다. 은혜는 잊어버린 채 어떻게든 움켜쥐려고 하는 나의 모습을 아버지께서 보게 하셨다. 나는 헌금 주머니를 돌리지 못하고 자리에서 하염없이 눈물만 흘렸다.

그날 저녁, 예배 시간에 있었던 일을 아내에게 모두 말했다. 그리고 한참 뜸을 들이다 결연한 표정으로 입을 뗐다.

"여보, 우리 전세방을 빼서 돈을 마련하면 안 될까?"
그러자 아내는 기다렸다는 듯이 대답했다.
"아멘. 그래요, 우리 그렇게 해요."

나의 하나님이여 주께서 마음을 감찰하시고 정직을 기뻐하시는 줄을 내가 아나이다 내가 정직한 마음으로 이 모든 것을 즐거이 드렸사오며 (대상 29:17).

오랫동안 마음을 준비한 듯 우리는 한 치의 망설임 없이 전세방을 빼기로 했다. 그리고 『천로역정』을 작업할 수 있는 거처를 찾아보기로 했다. 서울에서 사역하는 아내를 위해 가까운 경기도 외곽 지역을 알아보았다.

우리의 상황을 너무나 잘 알고 계시는 초등부 이 목사님이 경기도 광주 오포 쪽은 어떻겠냐고 의견을 주셨다. 목사님이 살고 계시는 지역이기도 해서였다. 아내와 나는 목사님이 소개해 주신 부동산을 통해 매물을 보러 갔다. 그중 첫 번째로 본 집이 가장 마음에 들었다. 하루 전에 나온 매물이었다.

그 집은 깨끗하고 넓은 작업 공간이 있고, 바로 뒤에는 산이 있어 밭도 일굴 수 있는 곳이었다. 주인이 우리가 원하는 만큼 전세금을 내려

줄 수 있다고 한다면, 이곳이야말로 하나님이 우리를 위해 준비하신 집일 거라고 믿기로 했다.

나는 집주인에게 조심스럽게 물었다.

"집이 너무 좋은데, 저희가 가진 돈이 이게 전부예요. 혹시 전세금을 내려 주실 수 있을까요?"

"그 정도는 내려 줄 수 있으니 집을 깨끗하게만 사용해 주세요. 제가 아끼는 집이거든요."

2012년 겨울, 우리 가족은 서울에서 경기도 광주로 보금자리를 옮겼다. 이삿짐이 다 들어오고 난 후 창밖에는 하얀 눈이 휘날리고 있었다.

여덟 살 꼬맹이 시절부터 마음속 깊은 곳에 있었던 불씨의 여행이 시작되었다. 꺼지지 않고 참 오래도 기다렸다. 골짜기를 지나 나오게 될 불씨는 창조주 하나님의 도우심 속에서만 당당히 세상 밖으로 전진할 것이다.

"하나님 아버지, 35년 동안 먼 길을 찾아 헤맸습니다. 아득한 이 여정을 지켜 주세요."

의인의 소원은 오직 선하나 악인의 소망은 진노를 이루느니라(잠 11:23).

Part 2
나를 단련하신 하나님

얼마 가지 않아 크리스천은 흉측하게 생긴 악마 하나가 들판 건너편에서 다가오는 것을 보았다. 크리스천은 겁이 나 돌아서서 가야 할지 아니면 그 자리에 버티고 서 있어야 할지 어찌할 바를 모르고 망설였다. 그러나 가슴받이 갑옷만 입은 채 등에는 무장을 하고 있지 않아서 돌아서서 등을 보이면 악마가 더욱 쉽사리 자신을 창으로 찌를 수 있을 거라는 생각이 들었다. 크리스천은 맞서서 싸우기로 마음먹고 그 자리에 버티고 서 있었다. 그 자리를 지키고 서 있는 것만이 살 수 있는 최선의 방법이라 여겼기 때문이었다. 그는 앞으로 계속 나아가 마침내 아볼루온과 마주쳤다.

10

좌절의 화살에 맞서다
아볼루온과의 결투

그들에게 왕이 있으니 무저갱의 사자라 히브리어로는 그 이름이 아바돈이요 헬라어로는 그 이름이 아볼루온이더라(계 9:11).

『천로역정』에 등장하는 아볼루온은 마귀를 의미한다. 이 마귀가 소설 속에만 등장하겠는가? 세상에서 우리는 크고 작은 아볼루온을 만난다. 나는 힘센 아볼루온을 내 안에서 만나곤 한다. 고집, 불신, 탐욕, 좌절…. 그 뒤에 숨은 거대한 아볼루온을 정복하기란 쉽지 않다. 나는『천로역정』작업 초반부터 내면의 아볼루온과 결투를 벌여야 했다.

이른 아침 햇살이 창문을 뚫고 작업실 방 안으로 들어왔다. 창가로 내리쬐는 햇살이 2개월 동안 공들인 만화『천로역정』기안 원고 위에 살

포시 내려앉았다. 출판사의 문을 두드릴 날이 온 것이다. 쉽게 끝낼 수 있는 원고였지만 거절당하지 않기 위해 더 많은 시간을 들여 완성했다.

"이야! 이제 출간 기획서를 써서 이 책을 세상에 내놓게 해줄 출판사를 찾아보자."

심혈을 기울인 원고라 자신감이 넘쳤지만, 기독교 출판사의 생리를 잘 모르기에 막연히 두렵기도 했다.

먼저 기독교 출판사 리스트를 뽑은 후 한 출판사에 출간 기획서와 기안 원고를 메일로 보냈다. 지인들이 있는 곳인 데다가 몇 년 동안 관계를 맺고 있던 터라 문을 두드리기가 쉬웠다. 그런데 2주 걸린다는 심사에 대한 답변이 일주일 만에 답신으로 돌아왔다.

"그럼 그렇지. 내가 얼마나 공들였는데…."

당연히 출판 계약을 하자는 답장이라고 생각했다. 그러나 메일을 열어 보고 민망함과 실망감에 얼굴이 화끈거렸다. 답장 내용은 이러했다.

"저희가 지향하고자 하는 출판 방향과 내부 의견을 종합해 본 결과, 아쉽지만 이 원고는 저희 쪽에서는 출판하기 어렵다는 의견을 드릴 수밖에 없게 되었습니다. 보내 주신 원고가 지금 저희 출판사의 방향과 조금 다른 것일 뿐 무척 귀한 원고라고 생각합니다. 모쪼록 다른 경로를 통해서나 이후라도 출판의 길이 열리시기를 기원합니다. 저희가 섬겨 드리지 못하게 된 점 죄송스럽게 생각하며, 하시는 사역과 비전 가운데 하나님의 은혜가 항상 함께하시길 바랍니다."

"기독교 출판사 진입 장벽이 높구나. 그럼 퀄리티를 더 높여야 하나?

글을 잘못 썼나?"

깊은 한숨이 나왔다. 이 출판사에서 책이 나오게 되리라 기대하며 다른 출판사에는 기획서를 보내지 않았던 터였다. 첫 발걸음부터 심상치 않았다.

"기독교 출판사에서 내 그림이 안 먹히는 건가? 너무 무거운 그림인가? 그럼 어떡하지?"

아볼루온이 좌절의 화살을 나를 향해 비 오듯 쏘아 댔다. 그 화살에 맞아 시무룩해져 있는데 마침 아내가 방으로 들어왔다. 내 표정만으로 결과를 눈치챈 아내는 나 대신 버럭 화를 내며 따뜻한 위로를 건넸다.

"어디 출판사가 거기뿐인가! 당신을 못 알아본 그 출판사가 나중에 후회하게 될 거야. 당신을 놓쳤다고. 당신이 작업에 얼마나 심혈을 기울일 텐데 그걸 못 알아보다니…. 다른 곳으로 기획서를 보내면 되니까 너무 실망하지 마, 여보."

아내의 말에 힘을 얻어 바로 다른 출판사에 출간 기획서와 기안 원고를 보냈다. 초조하게 답장을 기다리며 『천로역정』 시나리오를 계속 써 내려갔다.

일주일이 지나니 출판을 거절하는 답장이 줄줄이 이어졌다. 한 출판사에서는 나의 작가 이력을 요구해서 프로필을 보내 주었더니, 성인 만화책을 많이 그렸다는 이유로 출판을 거부했다. 모든 출판사에서 나의 원고에 거부 의사를 밝혔다. 그림에 대한 자존감이 바닥으로 떨어지는 기분이었다. 나의 손을 잡아 줄 출판사는 없었다. 불이 꺼진 방 안에서 또 땅이 꺼져라 한숨을 내쉬었다.

"어떡하지?"

그때 아내가 방문을 열고 들어왔다.

"여보, 너무 걱정하지 마. 출판사들이 정말 인재를 못 알아보네. 출판사가 안 된다면 신문사에도 연락해 보자."

아내의 말을 듣고 기독교 신문사에 메일을 보냈지만, 돌아온 결과는 역시 거절이었다. 시간이 지날수록 암울했다. 『천로역정』을 만들기 위해 오포로 이사까지 왔는데 첫 단추부터 빗나가고 있었다. 우리 가족은 암울한 마음을 애써 숨긴 채 함께 기도했다.

"하나님, 어떡해요? 원고는 시작했는데 제 원고를 받아 주는 출판사가 없어요. 무엇이 잘못되었나요? 저는 왜 쉽게 가는 게 없어요?"

다음 날 아침, 밥을 먹으며 아내가 말했다.

"여보, 저번에 나라에서 작업비를 지원해 주는 곳이 있다고 했잖아. 거기를 알아보면 어때? 국고 지원금을 받을 수 있다면 다 만든 후에 출판해 주겠다는 출판사가 나올지도 모르잖아."

"그래, 거기도 알아봐야겠다. 이현세 선생님이 거기 회장님이시니 도움을 청해 볼게. 하나님이 길을 열어 주시는 출판사가 제일 좋겠지만 어떻게 이끌어 가실지 모르니 선생님을 한번 만나 봐야겠어."

선생님과 약속을 잡은 후 출간 기획서와 기안 원고를 들고 오랜만에 화실을 찾아갔다. 선생님께 그간 겪었던 일을 잠깐 말씀드리고 본론으로 들어갔다.

"선생님, 기안 원고를 만들었습니다. 한번 봐 주시겠어요? 그리고 국고 지원금을 받고 싶은데 어떻게 해야 하는지 잘 모르겠네요. 도움을 받을 수 있을까요?"

"그래, 철규야, 원고 한번 보자."

선생님은 찬찬히 원고를 훑어보시더니 내게 물으셨다.

"이거 기독교 만화니?"

"네."

갑자기 선생님의 얼굴이 굳어지셨다.

"철규야, 국고 지원금은 특정 종교를 밀어 줄 수가 없다. 기독교를 해 주면 불교도 해줘야 하고 다른 종교도 해달라고 할 텐데…."

그러면서 대안을 제시하셨다.

"기독교 색채를 빼고, 성경 구절도 빼고, 판타지 만화로 각색해서 가져오면 심사 위원들에게 국고를 지원받도록 힘써 볼게."

선생님과 대화를 마치고 집으로 돌아오는데, 마음이 내내 무거웠다. 이 원고 그대로는 국고 지원금을 받을 수 없다는 사실에 깊은 좌절감을 느꼈다. 쉽게 되리라 예상했던 교만한 마음이 사라지고 이제는 통제가 안 되는 불안감이 나를 엄습하기 시작했다.

잠시 마음을 가라앉힌 후 집으로 들어갔다.

"여보, 잠깐 내 방으로 들어와 봐."

나는 아내를 불렀다.

"여보, 이 선생님이 특정 종교 만화는 국고 지원금을 받을 수 없다고 하시네. 기독교 색채 빼고, 말씀 빼고, 『천로역정』 제목을 바꾸어 판타지로 만들어 오면 국고 지원금을 받을 수 있게 얘기해 주신대."

내 말이 끝나기 무섭게 아내가 잔뜩 흥분하며 말했다.

"『천로역정』에서 말씀을 빼라고? 기독교 색채를 다 빼면 그게 무슨 책이야? 당신, 나에게 예수님의 보혈이 뚝뚝 떨어지는 만화책을 만들고 싶다고 하지 않았어? 우리 『천로역정』 만들러 왔지, 다른 책 만들려고 온 거 아니잖아. 돈 안 받으면 안 받지, 그렇게 만드는 건 아닌 것 같아. 존 번연이 감옥에서 책을 쓰면서 말씀을 괜히 넣었을까? 나랏돈 못 받으면 어때? 그러면 하나님이 주시겠지. 나도 돈 때문에 걱정이 되지만 이건 정말 아닌 것 같아."

그러고는 혼잣말을 하며 방을 나갔다.

"그래, 하나님을 믿는 우리가 자존심이 있지."

우리는 신앙을 지키려고 안간힘을 썼다. 하지만 달라진 건 없었다. 여전히 길은 보이지 않았다. 지푸라기라도 잡고 싶은 인간적인 마음이 들 때면 우리 부부는 그 탐욕과 연일 싸워야 했다. 인간적인 방법을 끝없이 모색하는 우리 부부의 마음을 마귀는 너무나도 잘 아는 듯했다. 탐욕 뒤에 숨어 있던 아볼루온은 우리가 무슨 말을 내뱉을지 계속해서 주시했다. 탐욕이 담긴 말을 꺼내면 그 말을 행동으로 옮기게 될까 봐 우리 부부는 최대한 말을 아꼈다. 정말 견디기 힘든 시간이었다. 아무것도 할 수 없어 하나님만 기다리는 시간이었다. 그러나 그 시간 속에서도 하나님은 일하셨다.

  우울한 마음에 낙담하고 있을 때, 친한 일러스트 작가 누님에게서 전화가 왔다.

  "최 작가! 내일 조 목사님하고 점심 하려고 하는데, 최 작가도 함께하면 어때?"

  "네, 누나. 그렇게 할게요."

  다음 날, 눈을 펑펑 맞으며 약속 장소에 나갔다. 조 목사님과 누님을 만나 답답한 마음을 달래고 싶었다. 우리는 점심을 먹은 후 카페에서 차를 마시며 담소를 나누었다. 나는 원고를 거절당한 이야기를 늘어놓았다. 그러자 조 목사님은 출간 기획서를 모 출판사에 보내 보라고 하셨다. 그 출판사에서는 이미 흑백 그림의 『천로역정』 만화책이 나오고 있었던 터라 출간 의뢰를 해볼 생각조차 못했었다.

  "목사님, 그 출판사는 『천로역정』 만화가 이미 나오고 있어요."

  "최 집사님, 그런데 나는 기도해 보면 원고를 그쪽에 내 보라는 마음을 많이 주시는 것 같아."

  "네, 알겠습니다. 목사님 말씀대로 할게요. 집에 가자마자 보내 보겠습니다."

  나는 집으로 돌아와 목사님이 권유하신 출판사에 출간 기획서와 기안 원고를 보냈다. 일주일 후 출판사로부터 기획서를 자세히 써서 보내 달라는 답장이 왔다. 처음으로 긍정적인 답변을 받아 본 것이었다. 기획서를 다시 다듬어서 보냈더니 2주 후 답을 주겠다고 했다.

그 2주간의 시간은 하나님을 온전히 바라보며 기도로 매진하는 시간이었다. 불안감에서 벗어나 나를 정결하게 만들도록 하나님이 그 시간을 허락하신 것 같았다. 그러나 아볼루온은 그 틈을 놓칠 리가 없었다. 아볼루온은 불안감을 극도로 조장하는 화살을 연이어 쏘아 대며 우리 부부를 공격하려 했다. 하지만 기도라는 강력한 무기를 이길 수는 없었다. 아볼루온의 화살은 우리를 불안에 빠뜨리지 못한 채 힘없이 땅바닥으로 곤두박질쳤다.

2주가 지나 출판사로부터 답장이 왔다. 답장의 내용은 중론의 의견이었다. 내 기획대로 5권으로 출간하는 게 아니라 3권으로 줄이자는 제안이었다. 그날 이후 출판사와 출간 논의를 하며 『만화로 읽는 천로역정』 프로젝트를 본격적으로 진행하기 시작했다.

마침내 출판사와 계약을 하기로 한 날이었다. 출판사를 방문해 그동안 전화로만 이야기를 나누었던 편집부 담당자를 만나 계약서에 사인을 했다. 그런데 사인을 마치자 그분이 아주 놀라운 이야기를 들려주셨다.

"우리 출판사에서는 흑백으로 된 『천로역정』 만화책이 나오고 있어요. 그런데 너무 오래된 만화라 시대 흐름에 맞지 않을 수 있어 절판하기로 작가와 합의를 보았습니다."

이 이야기가 전부가 아니었다. 다른 놀라운 일도 있었다.

"우리 출판사에서는 아침마다 잠시 예배를 드리는 시간이 있어요. 우리 부서 온 직원이 함께 모여 이렇게 기도했습니다. '하나님, 기존에 나오던 『천로역정』 만화책을 절판합니다. 그리고 요즘 시대에 맞는 새로운 『천로역정』 만화책을 만들려고 합니다. 『천로역정』을 잘 표현할 수 있는 작가를 보내 주세요. 환경과 여건을 선한 길로 인도해 주세요."

그 예배를 드린 다음 날 메일을 열었는데 내 원고가 와 있더라는 것이었다. 담당자는 소매를 걷어붙이고 불쑥 팔을 보여 주었다.

"최 작가님, 제 팔뚝에 닭살이 오른 거 보이십니까? 이 작품은 하나님이 예비해 주신 작품 같습니다."

이후 나는 『천로역정』을 본격적으로 그려 나갈 수 있었다. 시작부터 나를 넘어뜨리려 했던 아볼루온과의 싸움은 하나님의 전적인 은혜로 승리를 거두었다. 출간의 문을 두드리는 동안 나는 내 실력을 자랑하며 교만에 빠질 뻔했고, 좌절과 탐욕과 두려움에 휩싸일 뻔했다. 그때마다 하나님이 나를 붙들어 주셨다. 그날 편집부 담당자로부터 들은 이야기는 나의 이 고백을 더욱 확신하게 했다.

"나의 『천로역정』은 하나님이 시작하셨다."

『만화로 읽는 천로역정』에 대해 이야기할 때면 어디에서든지 이 고백이 나올 것이다. 하나님이 시작하셨으니, 마침도 그분의 방법대로 이루시리라. 계약을 마치고 집으로 돌아오는 길, 입술에서 찬양이 멈추지 않았다.

"하나님 아버지, 힘겨운 시간을 마주할 때면 이번처럼 꼭 붙들어 주세요."

하나님을 두려워하는 너희들아 다 와서 들으라 하나님이 나의 영혼을 위하여 행하신 일을 내가 선포하리로다(시 66:16).

근신하라 깨어라 너희 대적 마귀가 우는 사자같이 두루 다니며 삼킬 자를 찾나니(벧전 5:8).

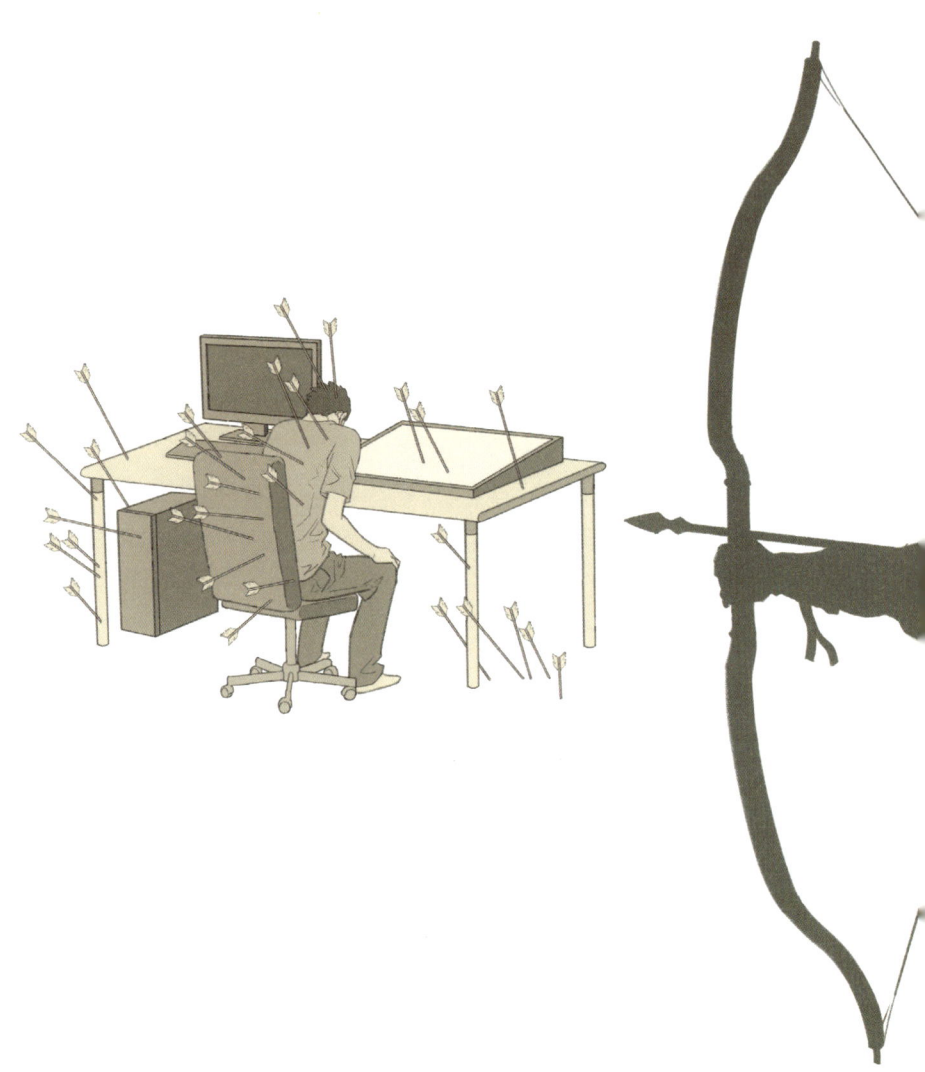

세상의 황량한 들판을 두루 다니다가 나는 우연히 동굴(베드포드 교도소 : 존 번연이 양심수로 수감돼 있었던 감옥) 하나를 발견했다. 들어가 누워서 잠을 잤는데 꿈을 꾸었다. 꿈속 어느 곳에 남루한 옷을 입은 한 남자가 자기 집을 뒤로하고 손에는 책 한 권을, 등에는 무거운 짐을 지고 서 있었다(사 64:6; 눅 14:33; 시 38:4). 그는 책을 펴서 읽다가 몸을 떨며 흐느껴 울기를 거듭하다 더 이상 참지 못하고 갑자기 안타깝게 울부짖었다.
"아, 나는 어떻게 해야 하나?"(행 2:37, 6:30; 합 1:2-3)

11

꿈에서 본 『천로역정』
동굴에서 꾼 꿈

『천로역정』의 도입부는 존 번연이 꿈을 꾸는 장면으로 시작한다. 그리고 본격적으로 이야기가 펼쳐진다. 의식이든 무의식이든 하나님의 손이 닿지 않는 곳은 없다.

나는 온종일 『천로역정』 생각뿐이었다.
'어떻게 시작할까? 어떻게 그릴까?'
잠을 이루는 시간도 『천로역정』 작업의 연장선일 때가 많았다. 꿈에서도 『천로역정』 그림을 그렸다. 등에 무거운 짐을 진 크리스천과 그를 그리고 있는 나를 꿈속에서 보았다. 크리스천이 진 짐은 우리 삶에 필요한 기초적인 물건들이지만, 이 세상을 떠날 때는 다 소용없는 것들이었다. 수많은 고민 속에서 그려 왔던 크리스천이라는 인물 위에, 꿈에서 본 크리스천의 모습을 덧입혀 고치고 또 고쳤다. 그렇게 『천로역정』의 주인공 크리스천 캐릭터가 완성됐다.

만화 작업 첫 단계에서는 시나리오를 쓰고, 그 시나리오를 기본으로 콘티를 짠다. 통상 만화 콘티 작업에서는 칸을 나누어 대사를 집어넣고, 어떤 인물을 등장시켜 어떤 구도로 그림을 그릴지 대략적으로 스케치를 한다. 그런데 만화 콘티를 짤 때부터 이런 고민이 들었다.

'『천로역정』에 등장하는 수많은 인물을 어떻게 그려야 독자들이 잘 이해하면서 읽을 수 있을까?'

『천로역정』에는 등장인물이 굉장히 많은데, 주요 인물과 그 외 인물들까지 합치면 거의 100여 명이 넘는다. 그 인물들에게 다 다른 성격을 부여해야 하는데, 어떻게 하면 독자들이 여기 나오는 인물들을 잘 기억하면서 읽을 수 있을까를 고민하지 않을 수 없었다.

대서사시처럼 큰 스케일로 그리고 싶어 5권을 예상하며 3권까지 콘티를 완성해 놓았다. 하지만 5권보다 3권이 더 좋겠다는 출판사의 제안으로 3권까지 짜 놓은 콘티를 파기하고 처음부터 다시 콘티를 잡았다.

콘티를 짜는 동안 졸음이 오면 움푹 들어간 책상 의자에서 쪽잠을 자곤 했다. 그런데 존 번연의 꿈속에서 『천로역정』 이야기가 전개돼서 그런지, 나도 꿈속에서 『천로역정』 이야기가 펼쳐지는 일을 경험했다. 물론 만화로 말이다.

어느 나른한 봄날이었다. 그날도 수많은 등장인물을 어떻게 그려야 할지 심각한 고민에 빠져 있었다. 졸음이 몰려와 쪽잠을 자다가 또 꿈을 꾸었다. 꿈속에서 내 작품이 책으로 나온 장면을 보았다.

"어, 내가 낸 책이네. 그렇게 고민했던 인물들을 어떻게 표현했을까?"

꿈속의 나는 책을 넘겨 보고 있었다. 새로운 인물이 나오는 칸에는 파란색 테두리가 둘려 있었다.

"지명은 어떻게 돼 있지?"

배경 장소를 그리면서 막혔던 부분을 얼른 펼쳐 보았다. 새로운 장소가 나오는 칸에는 초록색 테두리가 둘려 있었다. 꿈속의 나는 책을 보고 놀라움을 금치 못했다.

"와, 이렇게 표현했구나!"

그러고서 나는 잠에서 깼다. 너무 신기했다. 꿈 내용을 잊어버릴까 봐 급하게 콘티를 펼쳐 새로운 인물이 나오는 칸에는 파란색 테두리를, 새로운 지명이 나오는 칸에는 초록색 테두리를 그려 넣었다. 그리고 아내에게 꿈 이야기를 해주었다. 아내는 내가 그린 원고를 보며 말했다.

"여보, 초록색과 파란색은 둘 다 차가운 느낌의 색이니, 하나는 따뜻한 느낌을 주는 색으로 바꾸면 어때? 뭐, 나야 잘 모르지만…."

"아니야. 꿈에서 분명히 봤어. 이 꿈은 하나님이 주신 꿈이라는 확신이 들어. 꿈에서 본 그대로 그릴 거야."

그렇게 꿈의 힘으로 1권을 무사히 마무리 지어 출판사에 콘티를 보냈다. 출판사에서도 참신한 기획이라고 말했다.

다음 날, 교회에 가기 위해 운전을 하다가 도로 위에 세워진 이정표

들을 보고 깜짝 놀랐다. 이정표 색깔이 파란색과 초록색이 아닌가!

"여보, 도로 표지판이 모두 파란색과 초록색이네. 가장 편안한 색을 사용한 게 아닐까?"

아내도 신기해했다.

"정말 그러네. 참 놀랍다."

이렇게 해서 파란색과 초록색 테두리를 설명하는 '일러두기' 페이지가 만들어졌다.

여호와께서 내 음성과 내 간구를 들으시므로 내가 그를 사랑하는도다 (시 116:1).

여호와께서는 자기에게 간구하는 모든 자 곧 진실하게 간구하는 모든 자에게 가까이하시는도다(시 145:18).

시간이 지나도 잊히지 않는 꿈이 있다. 폐병으로 죽었다 살아났던 시절, 나는 퇴원 후 오디오 성경을 틀어 놓고 눈으로 성경 말씀을 따라 읽으면서 한 달에 성경을 2독 하게 되었다. 그렇게 말씀 읽는 일이 내 삶의 일부가 되었을 즈음이다. 나는 바닥에 잠깐 누웠다가 스르르 잠이 들었다. 그때도 역시 꿈을 꾸었다. 꿈 내용은 이러했다.

바닥에서 안개가 막 피어오르는데 누가 말해 주지 않아도 나는 내가 새 예루살렘에 와 있다는 것을 알 수 있었다. 언덕 위 성전으로 가 보니 어떤 사람이 밝은 빛에 둘러싸여 있는 모습이 보였다. 꿈속의 나는 그분이 예수님이시라는 것을 알 수 있었다. 나는 너무나 기뻐서 예수님을 향해 뛰어갔다. 예수님 주위로 모인 사람들은 흰옷을 입고 있었고, 손에는 그릇이 들려 있었다.

내가 예수님께로 다가갔을 때, 나의 왼손에는 그릇이, 오른손에는 국자가 들려 있었다. 너무나 찬란한 빛 때문에 예수님을 온전히 바라볼 수는 없었다. 예수님은 나를 보며 미소 지으시고, 머리를 쓰다듬어 주셨다. 그리고 작은 항아리에 담긴 물을 떠서 내 손에 들린 그릇에 담아 주셨다. 아무 말씀도 하지 않으셨지만, 나는 예수님이 무슨 이야기를 하시려는지 알 것 같았다.

예수님 주위에는 나를 포함해 50여 명의 사람들이 있었다. 나는 예수님께 받은 물을 다른 사람들에게 계속 퍼 주었다. 물을 퍼 주면 그릇에 물이 다시 채워졌.

밤새 예수님과 함께 사람들에게 물을 퍼 주는 장면에서 잠이 깼다. 예수님과 함께했던 그 기쁨의 순간으로 얼마나 돌아가고 싶었는지 모른다. 이 꿈을 꾼 지도 벌써 21년이 지났다.

크리스천과 소망이 천국 문으로 들어갔을 때, 존 번연은 천국에 들어가고 싶은 간절한 마음을 3인칭 관찰자 시점으로 표현했다.

두 순례자가 들어가도록 문이 열렸을 때 그들을 쫓아가 안을 들여다보니 해같이 빛나는 나라가 보였다. 길은 모두 황금으로 덮여 있었고 그 길 위로 많은 사람들이 걸어 다니고 있었다. 그들은 머리에는 면류관을 쓰고 손에는 승리의 종려 나뭇잎을 들고 금 거문고로 찬양하고 있었다.
날개를 달고 있는 사람들의 입에서는 "거룩, 거룩, 거룩하신 주로다!"라고 찬송하는 소리가 끊임없이 들려왔다. 이윽고 성문이 닫혔다. 그 찬송하는 모습을 본 나의 마음에도 그들의 주님 찬송에 동참하고 싶은 마음이 불일 듯 일어났다.

많은 시간이 지나고 나는 그날의 꿈에 대해 생각해 보았다.
'성령님이 주신 글과 그림으로 하나님의 마음을 많은 사람에게 흘려보내라는 사명을 보여 주신 게 아닐까?'
나는 현실의 삶이 고되어 어디론가 도피하고 싶을 때면 21년 전 꿈속에서 뵌 예수님을 생각한다.
'내 본향에 가는 날, 내 평생 꿈에 그리던 예수님을 뵐 수 있겠지. 너무 가고 싶은 곳이지만, 사명을 다하기 전까지는 이 땅에서 끝까지 견뎌 보자.'

내가 달려갈 길과 주 예수께 받은 사명 곧 하나님의 은혜의 복음을 증언하는 일을 마치려 함에는 나의 생명조차 조금도 귀한 것으로 여기지 아니하노라(행 20:24).

길을 가던 두 사람은 기쁨의 산(Delectable Mountains)에 이르렀다. 그 산은 전에 이야기한 적이 있던 언덕 주인의 소유였다. 산으로 올라가서 아래를 내려다보니 참으로 놀랍기 한이 없었다. 거기는 아름다운 정원이며 나무마다 과일이 주렁주렁 열려 있는 과수원, 포도원, 맑은 샘물과 강들이 있었다. 두 사람은 맑고 시원한 샘물을 마음껏 마시기도 하고 목욕도 하고 주렁주렁 달린 나무의 열매들을 마음대로 배불리 따 먹기도 했다.

12

0원 계약서
기쁨의 산

어언 20년을 몸담았던 화실 생활을 접고 『천로역정』 작업을 위해 오포로 이사 왔을 때의 일이다. 삶의 터전이 바뀌자 모든 일상이 바뀌었다. 불편하고 낯선 생활의 연속이었지만, 우리 가족은 새로운 환경에 차츰 익숙해져 갔다.

의인이는 학교가 멀어 아침 일찍 태권도 도장 차를 타고 등교했다. 아내는 금요일과 주말이 되면 논현동에 있는 교회로 출퇴근했고, 주중에는 오포 생활에 적응하기 위해 노력했다.

나는 화실을 그만두기 3년 전부터 틈틈이 써 놓았던 『천로역정』 시나리오를 다듬고 또 다듬기 시작했다. 길고 긴 여정이 시작된 것이다. 원고는 생각보다 더디게 진행되었다.

'혼자 하는 이 원고를 언제쯤 끝낼 수 있을까?'

염려가 마음 한구석을 조금씩 짓누르기 시작했다.

만화에는 여러 장르가 있다. 내가 그리는 만화는 극화 만화다. 극화 만화는 혼자 힘으로 작업하기에는 상당히 많은 시간이 소요된다. 그래서 3-7명이 팀을 이루어 작업하는 것이 보편적인 방식이다. 또 모든 공정이 분업화되어 있다. 만화는 일반적으로 7명의 손을 거쳐 원고가 만들어진다. 스토리, 만화 콘티, 데생, 인물 펜 터치, 배경 펜 터치, 어시스트, 그리고 컬러 작업이다. 이렇게 늘 팀을 이루어 빠르게 원고를 진행했던 터라, 혼자서 모든 공정을 감당해야 한다는 심적 부담감이 나의 어깨에 무거운 짐이 되었다. 더는 꼿꼿이 세울 수 없던 무릎을 꿇고 하나님 앞에 기도했다.

"하나님, 이 짐이 무겁습니다. 선한 길로 인도해 주세요."

간절함에 두 무릎도 힘을 모아 주었다.

그렇게 마음을 쏟아 내는 기도를 한 지 일주일이 지났다. 화실 선배 형이 우리 집 근처를 지나다가 연락을 해와서 함께 점심을 먹게 되었다. 나는 그동안 작업한 『천로역정』 원고를 보여 주며 줄거리를 들려주었다. 그러자 형님은 대뜸 『천로역정』 작업에 동참하겠다고 말했다. 의지가 점점 약해지고 있었는데 형님이 손을 잡아 준다고 하니 작업이 순조롭게 진행될 것만 같았다.

그렇게 형님과 의기투합이 되어 화실을 내기로 하고, 가까운 곳에 방한 칸짜리 작업실을 알아보자고 했다.

'하나님이 사람을 붙여 주셨으니 선한 길로 인도하시겠지.'

방을 얻을 만한 여윳돈은 없었지만, 막연한 믿음으로 작업실을 알아보기 시작했다.

여러 부동산에서 원룸을 알아보았으나, 보증금 500만 원에 월세 40만 원, 보증금 천만 원에 월세 50만 원…. 내가 가진 돈으로는 어림없었다. 그렇게 한참을 찾다가 보증금 200만 원에 월세 35만 원인 원룸이 나왔다는 전화를 받았다. 아내와 함께 그 원룸을 보러 갔는데, 아내는 그것도 부담스럽다며 계약을 말렸다. 길 건너편에 부동산이 더 있는지 찾아보자는 말에 나는 아내에게 핀잔을 주었다.

"당신이 뭘 안다고. 이 지역에서 부동산에 나온 물건은 다 똑같겠지."

하지만 아내는 마지막으로 다른 곳을 한 번 더 알아보자고 하면서 반대편으로 운전대를 돌렸다. 지나가다 보니 툭 튀어나온 건물에 가려 잘 보이지 않는 곳에 어떤 부동산이 있었다. 아내가 주차하는 동안 나는 먼저 그 부동산으로 들어갔다. 부동산 사장님은 통화 중이셨다. 전화를 끊으시자 나는 사장님께 인사를 드렸다.

"안녕하세요, 사장님. 이 근처에 싼 원룸 있나요?"

부동산 사장님은 나를 위아래로 훑어보며 말씀하셨다.

"네, 싼 곳이 있긴 한데 일을 하셔야 해요."

"네? 일이요? 그게 무슨 말씀이세요?"

사장님은 내가 그곳에 적합한 사람인지 살펴보시는 듯했다.

"방이 있기는 한데 일을 하셔야 해요."

"네?"

사장님의 말씀에 황당해하고 있는데 마침 아내가 부동산으로 들어왔다. 사장님은 다시 말씀을 이어 가셨다. 방금 말한 방이 이틀 전에 나왔는데 알아보겠다며 집주인에게 전화를 거셨다.
　"거기 방 나갔나요? 아직 안 나갔다고요? 싸게 월세를 구하는 젊은 남자분이 있어요. 보여 드리고 싶은데 지금 바로 부동산으로 오실 수 있나요?"
　사장님은 상기된 얼굴로 내게 말씀하셨다.
　"집주인이 지금 오신다고 하네요. 금방 도착하실 거예요."
　5분 정도 흘렀을까, 건장한 체구의 한 어르신이 부동산으로 들어와 사장님께 물으셨다.
　"어디 있어요, 그분?"
　"여기, 이분입니다."
　그러자 어르신도 나를 훑어보며 말씀하셨다.
　"어떤 집인지 같이 보러 갑시다."
　소개받은 집은 지은 지 2년 된 18평 단독 건물이었다. 집에서 가깝고, 의인이 학교 근처라 마음이 놓였다. 그 집 뒤에는 그리 높지 않은 언덕에 산소가 있었다. 집을 임대해 주는 데는 조건이 있었는데, 1년에 두 번, 5월과 9월에 벌초만 해주면 집을 무상으로 임대해 주시겠다는 것이었다. 나는 이 사실을 바로 형님에게 알렸다.
　"어떻게 너한테는 그런 희한한 일이 많이 생기냐? 다 너의 하나님이 도와주시는 거 아니야?"

형님도 무척 신기해했다.

다음 날, 부동산에 가서 보증금 0원, 계약금 0원이라고 쓰인 계약서에 사인을 하고 집 열쇠를 받아 왔다. 생전 처음 써 보는 0원 계약서였다.

하나님은 끝없이 은혜의 손길을 나의 삶에 이어 가셨다. 그 누가 0원 계약서를 생각할 수 있었겠는가? 예수님을 영접하지도 않은 선배가 어찌 마음이 동하여 함께 그림을 그리겠다고 선뜻 말할 수 있었겠는가? 보장된 원고료도 없는데 말이다.

0원 계약서를 들고 머리 위에 펼쳐진 드높은 하늘을 바라보았다. 하나님과 나 사이에도 계약서가 있다면 아마 이 0원 계약서와 같지 않을까? 두려움과 초조함에 둘러싸인 아브라함 앞에서, 하나님은 타오르는 횃불이 쪼개 놓은 희생 제물 사이로 지나가는 사건을 통해 하나님 자신이 모든 약속을 이루겠다고 선포하셨다. 일종의 0원 계약서가 작성된 것이다.

> 해가 지고, 어둠이 짙게 깔리니, 연기 나는 화덕과 타오르는 횃불이 갑자기 나타나서, 쪼개 놓은 희생 제물 사이로 지나갔다(창 15:17, 새번역).

하나님은 죄로 가득한 인간의 삶을 다 아시면서도 그 약속을 지키시기 위해 이 땅에 오셨다. 하나님은 십자가 위에서 하나님 자신이 쪼개지심으로써 나를 위한 구원을 이루셨다. 구원도 0원 계약서, 현재의 삶도 0원 계약서 안에서 이루어진 것이다. 그 모든 것이 은혜다. 0원 계약서는 나에게 '영원 계약서'로 마무리될 것이다.

하나님의 손에 빚어진 한낱 피조물인 우리가 저 너머의 오묘한 일, 감추어진 일들을 어찌 다 헤아릴 수 있을까. 나는 기쁨의 산에 올라 하나님이 준비하신 맑은 샘물로 목을 축이며, 탐스럽게 열린 열매를 먹으며 행복을 누리고 있었다. 그 행복을 두 손으로 꽉 움켜쥔 채 말이다.

그러나 이 땅에서 두 손으로 움켜잡은 기쁨의 산의 행복은 언제까지 지속될 수 있을까?

근심하는 자 같으나 항상 기뻐하고 가난한 자 같으나 많은 사람을 부요하게 하고 아무것도 없는 자 같으나 모든 것을 가진 자로다(고후 6:10).

두 사람이 망설이고 있는 바로 그때, 검은 살갗이었지만 새하얀 옷을 입은 사람이 그들에게 걸어오는 것이 보였다. 그 사람은 두 순례자에게 왜 그곳에 서 있냐고 물어보았다. 순례자들은 자기들은 하나님 나라로 가고 있는데 어느 길로 가야 할지 모르겠다고 대답했다.

아첨꾼 : 나를 따라오세요. 나도 그리로 가고 있으니.

그 말을 듣고 두 순례자는 그 사람을 따라 새로 난 길로 들어섰다. 그 길은 갈수록 점점 꼬부라져 두 사람을 가야 하는 곳으로부터 멀어지게 했다. 그렇게 얼마를 가게 되자 두 순례자는 하나님 나라를 등지게 되었다. 그렇지만 두 사람이 알아차리기 전에 새하얀 옷을 입은 사람은 그물 안에 두 사람을 조금씩 옭아매어 순례자들은 그물 속에 얽혀 어찌할 바를 모르고 있었다.

13

그물에 걸릴 뻔하다
아첨꾼

이른 아침, 차를 타고 작업실로 향했다. 작업실이 공짜로 생겨 너무나 감사했다. 두 손으로 꽉 움켜쥔 이 행복이 사라지지 않기를 바랐다. 담배 연기가 누렇게 밴 벽을 선배 형님과 함께 도배했다. 책상과 의자, 컴퓨터와 스캐너를 배치하니 작업실의 모습이 나오기 시작했다. 이곳에서 수많은 원고가 만들어질 생각을 하니 벌써부터 가슴이 벅차고 설렜다. 도배를 마친 날, 형님이 그림 그릴 때 사용하는 장비가 작업실로 들어왔다. 드디어 『천로역정』 작업의 모든 준비가 끝났다. 형님에게 『천로역정』 만화 콘티를 설명해 드리며 곧 본격적인 작업에 들어가자고 했다.

주일이 되자 아침 일찍 교회에 도착해 하나님께 기도드렸다.

"하나님 아버지, 생각지도 않은 다른 길을 열어 주셔서 감사합니다."

주일 내내 설레는 마음을 감출 수가 없었다.

다음 날이었다. 한창 출근 준비를 하고 있는데 전화벨이 울렸다.

"어, 형님 전화네. 형님도 내 마음 같나 봐."

혼잣말을 하며 기분 좋게 전화를 받았다.

"여보세요?"

"철규야, 나 피 토했어! 빨리 좀 와 줘…."

형님의 떨리는 목소리에 놀라 급하게 작업실로 향했다. 문을 열어 보니 작업실 바닥이 새빨간 피로 가득했다. 얼른 냉장고에서 물을 꺼내 형님에게 드리고 119에 전화를 걸었다. 매번 형님과 전화할 때면 속이 쓰리다는 얘기를 많이 들었던 터라 위장과 관련된 곳에 탈이 났나 보다 했다. 술을 많이 마신 날이면 늘 위장약을 드셨던 모습이 떠올랐다.

잠시 후 119 구급차가 도착했다. 형님은 분당의 한 병원으로 이송됐다. 여러 검사가 진행되었고, 병명은 위궤양이었다. 위에 출혈이 일어나 피를 토한 것이었다. 이 상태로 그림을 그리기란 무리였다. 그날 형수님과 나는 작업실에 있는 형님 짐을 빼서 집으로 옮겨 드렸다. 형님은 이틀 더 병원에 있다가 형님 집과 가까운 병원으로 다시 이송됐다.

작업실은 그야말로 처참하기 이를 데 없었다. 딱딱하게 굳어 있는 피를 물걸레로 여러 번 닦아 냈다. 피를 닦아 내는데 수많은 생각이 밀려왔다.

'내가 의지한 것이 뭐란 말인가?'

그림 실력이 좋은 형님을 의지했던 바람이 한 껍질 벗겨진 듯했다. 나는 형님이 데생을 해주면 최고의 만화책이 나오리라 기대했었다. 작업 시간도 줄일 수 있어 온 가족이 고생을 덜 하겠다 싶었다. 그런데 모든 것이 물거품이 되고 나니 깨달았다. 어느 순간, 나를 순례자로 만들어 가실 하나님께 의지하기보다 사람을 의지하려 했다는 것을.

나는 하나님 앞에서 긴장을 끈을 다시 잡기 시작했다.

'가던 길 옆에 곧게 나 있는 길로 왔을 뿐인데 이런 일이 일어나다니…'

바닥을 닦는 내내 굵은 눈물이 굳어 버린 핏자국 위에 뚝뚝 떨어졌다.

그날 저녁 아내에게 말했다.

"여보, 하나님이 『천로역정』을 혼자서 그리길 원하시는 것 같아. 당신, 잘 인내할 수 있겠어?"

아내는 여기까지 오게 하신 하나님이 또 선한 길로 인도해 주시지 않겠냐며 용기를 주었다.

그다음 날부터 나는 혼자서 작업실로 출근했다. 극화 만화의 모든 공정을 혼자 감당해야 하는 첫 지점으로 돌아온 것이다. 차근차근 본격적인 데생 작업에 들어갔다. 점심때면 아내가 도시락을 싸 들고 작업실로 와 주었다. 내가 낙심하지 않도록 손을 잡고 기도도 해주었다. 나는 묵묵히 작업을 해나갔다. 그렇게 두 달의 시간이 흘렀다.

어느 날 저녁, 작업실에 집주인 어르신이 오셨다.

"일하고 계셨구만. 다름이 아니라 일요일에 옆에 있는 사당에서 시제를 드리는데 아침 일찍 와서 도와주게."

"네? 무슨 말씀이세요?"

"전에 살던 사람도 시제 드릴 때 허드렛일을 했네."

"저는 기독교인입니다. 주일에는 교회에 가야 해요."

"허허, 전에 살던 사람도 교인이었네."

"어르신, 저는 못 도와드리니 사람을 쓸 경비를 드리겠습니다."

"아니야, 자네가 꼭 와서 도와주게."

어르신은 이 말만 남기고 돌아가셨다.

주일 성수에 대한 문제는 고민할 일이 아니었다. 주일이 되자 우리 가족은 아침 일찍 일어나 교회로 출발했다. 예배 자리에 앉아 말씀을 듣는데 꿀송이보다 더 달았다. 집에 돌아온 우리 가족은 집 뒤 공터를 개간해 만든 텃밭에서 상추를 한 아름 따 와 풍성한 저녁을 먹었다.

다음 날 아침, 작업실로 출근해 한창 그림을 그리고 있는데 문을 마구 두드리는 소리가 났다. 문밖에는 어르신이 서 계셨다.

"내가 자네에게 일요일에 일 좀 도우라고 했어, 안 했어?"

"저는 그때 분명히 교회에 가야 하니 안 된다고 말씀드렸습니다."

그러자 어르신은 버럭 화를 내셨다.

"전에 살던 사람도 교회 다니던 사람이었어. 내가 도와달라고 하면 언제나 교회에 가지 않고 이곳 일을 도왔다고!"

"어르신, 저는 주일에는 꼭 교회에 가야 합니다."

"아니, 집을 공짜로 빌려주는데 이깟 허드렛일을 안 도와준다는 거야? 앞으로도 시제가 더 있는데 그때마다 이러겠네?"

"네, 어르신, 저는 교회에 가야 합니다."

"그러면 당장 집을 빼."

속에서 부글부글 화가 났지만 예수님의 영광을 가릴까 봐 꾹 참았다.

"어르신 말씀대로 하겠습니다. 이번 주 토요일까지 방을 빼겠습니다."
"아니야, 당장 지금 빼."
"알겠습니다. 두 달간 잘 사용하게 해주셔서 감사했습니다."
"열쇠는 부동산에 맡기고 가고."
"네, 어르신 말씀대로 하겠습니다."
어르신은 문밖으로 나가면서 나에게 한마디 하셨다.
"저거 진짜 예수쟁이네."

두 손으로 움켜쥔 행복이 사라지지 않기를 바랐지만, 이내 손가락 사이로 빠져나가 버렸다. 공짜 작업실의 대가로 은근슬쩍 나의 신앙을 앗아가려고 했지만, 하나님의 손안에 있는 나를 그 누구도 흔들 수 없었다.
한편으로는 속은 기분이 들기도 했지만, 나는 그 일을 통해 '내 안에 있는 나'를 만날 수 있었다. 겉으로는 믿음이 좋아 보이지만, 실상 사람을 의지하고 움켜쥔 행복을 놓치지 않으려고 삶을 저울질하는 나를 만났다.

크리스천과 소망은 아첨꾼의 말을 듣고 그를 따라가다가 그물에 갇히게 된다. 그물에 갇혀 크리스천과 소망이 한동안 엉엉 소리 내 운 것처럼, 속이는 내가 그물이 되어 나를 옭아맨 그물 속에서 진창 울다가,

그제야 곧은 길, 먼 길이지만 나를 만들어 가실 그 길을 혼자서 걸어가기로 했다.

"하나님 아버지, 먼 길에 나의 동행자가 되어 주십시오."

내 걸음을 넓게 하셨고 나를 실족하지 않게 하셨나이다(시 18:36).

이웃에게 아첨하는 것은 그의 발 앞에 그물을 치는 것이니라(잠 29:5).

어르신은 문밖으로 나가면서 나에게 한마디 하셨다.

"저거 진짜 예수쟁이네."

해석자는 크리스천의 손을 이끌고 손님을 맞는 커다란 거실로 데리고 들어갔다. 그 방은 한 번도 청소한 적이 없어 먼지투성이였다. 방을 한참 둘러보던 해석자는 어떤 남자에게 그곳을 청소하라고 지시했다.

14

궁금해야 그분께 묻게 된다
해석자의 집

2012년 여름, 여름성경학교 준비를 위해 토요일 오후 초등부실로 주일학교 선생님들이 모였다. 수련회 둘째 날 작은 야산에 '천로역정 코스'를 만들어 아이들이 순례 길을 걷게 하자는 계획 때문에 선생님들은 한껏 부풀어 있었다. 수련회장 사전 답사부터 거듭되는 회의를 거쳐 철저히 준비해 나갔다.

"그럼, 아이들에게 고난을 어떻게 줄까요?"

"음…. 유혹의 방에서 아이들을 온갖 과자와 음료수로 유혹해 넘어가게 만든 다음, 형벌로 물을 가득 채운 페트병을 1인당 두 통씩 들고 야산 꼭대기 십자가 언덕까지 들고 가게 하면 어떨까요?"

"아주 좋은 생각입니다."

그렇게 서서히 수련회 준비가 완성되어 갔다.

한 달이 지나, 수련회가 시작되었다. 곳곳에 해맑은 웃음소리가 가득했다. 내가 맡은 방은 고난의 방이었다. 과자와 음료수의 유혹에 넘어가 죄의 짐을 지게 된 아이들은 페트병을 두 통씩 들고 있었다. 나는 죄에 빠진 아이들에게 고난을 인식시키기 위해 얼차려를 주었다. 아이들은 나의 말에 맞추어 구호를 외쳤다.

"앉아!"
"고난은!"
"일어서!"
"영광이다!"

아이들은 이마에 땀이 송골송골 맺힌 모습으로 앉았다 일어서기를 반복하며 "고난은 영광이다!"라고 외쳤다. 아이들의 외침이 내 마음에도 각인되는 시간이었다. 나는 아이들에게 히브리서 11장, 믿음 장을 소리 내어 읽어 주었다.

> 도리어 하나님의 백성과 함께 고난받기를 잠시 죄악의 낙을 누리는 것보다 더 좋아하고 그리스도를 위하여 받는 수모를 애굽의 모든 보화보다 더 큰 재물로 여겼으니 이는 상 주심을 바라봄이라(히 11:25-26).

고난을 통해 우리에게 상 주시는 하나님을 바라보며 순례의 길을 가라고 권한 뒤 다음 관문으로 아이들을 안내했다.

아이들은 고난의 방을 지나 십자가 언덕에서 복음을 듣고, 아볼루온과 격렬히 싸운 후 작은 샘물을 요단강 삼아 세족식을 치러야 했다. 그 다음에는 '구원 열차' 승합차를 타고 천성(교회)으로 돌아오는 것이 마지막 코스였다. 뜨거운 여름 한낮 온몸이 땀으로 범벅되었지만 아이들은 굳건한 의지로 천성에 다 이르렀다.

아이들과 함께했던 시간을 떠올리다 보면 웃음이 저절로 나온다. 그런데 나는 천로역정 순례 길 관문을 인간의 노력으로 통과하는 것으로 잘못 인식하고 있었다.

초등학교 2학년 때, 우리 집에 컬러텔레비전이 들어왔다. 동네에서 처음으로 들어온 컬러텔레비전이라 동네 아이들이 쪼르르 몰려와 함께 보곤 했다. 그 텔레비전을 통해 보았던 영화 중에 지금도 기억에 남는 영화가 있다. 「소림사 18동인」이라는 영화다. 줄거리가 다 기억나진 않지만 대략 이런 내용이었던 것 같다. 소림사를 하산하기 위해서는 무술의 고수가 되어야 한다. 그러려면 온몸에 금칠을 한 '18동인'이라는 사람들과 싸워 수많은 관문을 통과해야 한다.

무술의 하수가 수많은 수련과 인내를 통해 고수가 되듯, 『천로역정』의 주인공 또한 자기의 선한 노력과 의로 신앙이 성숙되어 천성에 이른다는 잘못된 설정으로 『천로역정』 시나리오를 쓰기 시작했다.

그렇게 시나리오가 거의 완성되어 콘티를 짜고 펜으로 그림을 한창 그릴 무렵, 오른손 검지가 퉁퉁 붓기 시작했다. 병원에 갔더니 인대가 파열됐다며 검지에 깁스를 해주었다. 펜촉을 잡고 필압을 가해 그림을 그려야 하는 나에게 청천벽력 같은 일이 벌어졌다. 가난과 맞물린 상황에서 나는 하루하루가 피가 마르는 듯했다. 그러다 보니 불평이 마구 쏟아져 나왔다.

"딸린 가족이 있는데 어떡하지? 하나님, 그림 그리는 손을 망가뜨리시면 어떡해요!"

그림을 그릴 수 없는 시간이 1년 반 동안 지속되었다. 그러던 어느 날, 창가에 내리쬐는 햇볕을 받으며 힘없이 누워 천장을 바라보는데 문득 이런 생각이 들었다.

'분명 하나님은 감당할 시험만 주신다고 하셨는데, 왜 그림 그리는 사람에게 손을 다치게 하셨을까? 왜 이런 일을 겪게 하시는 걸까? 나는 이 시간, 무엇을 해야 할까?'

쏟아져 나오는 불평을 접어 두고, 벽에 기대어 쭈그리고 앉아 다시 『천로역정』을 읽기 시작했다. 시중에 출판된 모든 『천로역정』을 구매해 읽고 또 읽었다. 많은 시간 읽다 보니 100독이 훌쩍 넘었다.

나는 작업했던 시나리오를 독수리 타법으로 교정하기 시작했다. 내가 쓴 시나리오에 내가 섬뜩 놀라고 말았다. 철저히 인본주의에 입각하여 각색되어 있었기 때문이다. 『천로역정』의 관문을 통과할 때마다 신앙의 레벨을 높이고 성화를 이루면 그 관문을 통과할 수 있다는 게 기본 골격이었다. 물론 우리가 신앙생활을 오래 하다 보면 신앙심이 깊어져 성숙을 이룰 수 있을 것이다. 그러나 『천로역정』의 모든 관문은 하나님의 은혜로 통과할 수 있다.

심히 부패한 마음을 율법의 잣대로 쓸어 보지만, 여전히 먼지만 풀풀 나는 게 인간의 마음이다. 자기 힘으로 율법을 지키고, 선한 행위로 모든 관문을 통과해 천성에 이르려 하지만, 그 누가 하나님 앞에 당당히 설 수 있을까. 무례하게 당당히 섰던 사람들이 있긴 하다.

> 주여, 주여, 우리가 주님의 이름으로 예언을 하고 귀신을 쫓아내고 많은 기적을 행하지 않았습니까?(마 7:22, 현대인의성경)

만약 그리스도의 은혜만을 갈구해야 할 사람들이 주님의 이름으로 행했던 행위를 들이댄다면, 결국 불법을 행한 자들로 명명되고 하나님 앞에서 영원히 버림받게 될 것이다. 하늘 가는 여정은 하나님의 특별한 선물이다. 오직 하나님의 은혜로 갈 수 있기 때문이다.

손을 다쳐 『천로역정』을 100독을 하고 나서야, 내가 쓴 시나리오가 완전히 잘못되었다는 것을 알게 되었다. 하나님이 얼마나 급하셨으면 그림 그리는 손을 다치게 하셨을까 싶었다. 때로는 불평을 쏟아 내기도 했지만, 그 고난의 시간은 책다운 책을 집필하도록 하나님이 이끄신 시간이었다.

잠자리에 들어 꿈을 꾸었다.

"여보게. 나는 『천로역정』을 단순한 관문 통과 이야기로 만들지 않았다네. 어두컴컴한 지하 감옥에서 내가 왜 천성 가는 길을 모르는 사람들을 위해 펜을 들었을지 다시 한번 깊이 생각해 보게나."

너희는 그 은혜에 의하여 믿음으로 말미암아 구원을 받았으니 이것은 너희에게서 난 것이 아니요 하나님의 선물이라(엡 2:8).

그곳은 바로 '절망의 수렁'이라 불리는 곳이었다. 두 사람은 진흙으로 온통 뒤범벅이 된 채 얼마 동안 허우적거렸다. 게다가 크리스천은 등에 지고 있던 짐 때문에 점점 늪 속으로 빠져 들어가기 시작했다.

15

매간다이저
절망의 수렁

　우리는 인생의 무거운 짐에 짓눌려 허우적거리다가 마음이 만신창이가 되곤 한다. 작은 빛줄기라도 붙잡을 수 있을까 하여 이리저리 움직여 보지만, 도저히 한 발자국도 뗄 수 없는 곳, 그곳이 바로 절망의 수렁이다. 힘없이 누워 있는 사람의 목덜미를 거대한 발이 누른 상태라고나 할까. 그러나 어떤 인생이든 절망이 찾아오듯, 절망의 끝에는 반드시 하나님의 도우심이 있다.

　어렵사리 『천로역정』 작업을 시작해 고난의 시간을 견디다 보니 어느덧 해가 바뀌어 2016년이 되었다. 그동안 검지 인대는 고질병이 되어 온 가족의 걱정이 되었다. 의인이는 내 손을 어루만지며 물었다.
　"아빠, 손 많이 아파?"

별 차도가 없지만 이렇게 대답했다.

"많이 좋아졌어."

"아빠, 내가 다 나으라고 기도해 줄게."

의인이는 고사리손으로 내 검지를 잡고 간절히 기도했다.

"하나님 아버지께서 많이 고쳐 주셨어."

의인이를 안심시키려고 빈말을 했지만, 속마음은 하나님께 원망이 쌓여 가고 있었다.

다시 마음을 다잡고 하나님이 새로운 문을 여시리라는 기대감으로 2016년을 맞이했다. 새해에는 경건의 모습을 갖춘 성숙한 신앙인이 되길 소망했다.

우리 가족이 섬기는 교회에서는 매년 전교인 특별새벽기도회로 한 해를 시작했다. 그해에도 어김없이 새해 특새가 시작되었다. 금요일 철야예배와 주일예배를 드리러 갈 때면, 온 식구가 '37 구 8604' 차에 몸을 싣고 오포에서 서울까지 '출애굽'을 하곤 했다. '출애굽 나들이'는 우리 가족의 유일한 기쁨이었다. 생활고 때문인지, 왠지 모를 울컥한 마음을 하나님 앞에 쏟아 내러 가는 시간이었기 때문이다.

'37 구 8604'는 12년 이상 된 LPG 차량으로, 나는 이 차를 '매간다이저'라고 불렀다. '매그너스'의 '매'와 '그랜저'의 '저'를 붙여 매간다이저라고 불렀다. 요즘 나오는 LPG 차량은 예열하지 않고 바로 운행하지만, 매간다이저는 충분히 예열해야 몸을 부르르 떨며 출발하라는 신호를 보냈다. 가난한 우리 가족을 위한 듯, 구입 당시 법이 개정되어 5년 된

LPG 차량을 일반인도 살 수 있었다. 나는 이 차가 8년 됐을 때 중고로 구매했다. 매간다이저는 그렇게 우리 가족의 발이 되어 주었다.

특새 전날, 우리 가족은 새벽예배에 갈 준비를 마치고 일찍 잠자리에 들었다. 다음 날 새벽, 시계 알람이 요란하게 울렸다. 나는 일어나자마자 매간다이저를 예열하러 갔다. 밖은 한파가 대단했다. 지난밤에 싸락눈이 내렸는지 자동차 앞 유리에 눈이 살짝 쌓여 있었다. 예열을 하려고 시동을 걸었는데 "틱틱" 소리만 날 뿐 시동이 걸리지 않았다. 여러 번 재차 시도해 보았으나 결과는 마찬가지였다.

급한 마음에 당장 집으로 올라가 아내에게 이 사실을 말했다. 아내는 놀란 기색이 역력했다. 의인이를 이불로 감싸 차에 태울 준비를 하고 있었는데, 차가 망가졌다고 하니 발만 동동 굴렀다. 나는 다시 아래로 내려가 시동이 걸리지 않는 차를 바라보며 넋두리했다.

"아버지, 어떡해요?"

콧날을 스치는 날카로운 바람이 나의 무능함을 적나라하게 드러내는 듯했다. 무능력함과 다급한 마음이 내 안에서 저울질되고 있을 때, 기도하자는 생각이 가슴 깊숙한 곳에서 밀려왔다. 눈이 쌓인 보닛에 손을 얹고 말도 안 되는 선포 기도를 하기 시작했다.

"나사렛 예수 그리스도의 이름으로 명하노니 시동이 걸릴지어다!"

그렇게 간절하게 기도한 뒤 운전석에 앉아 브레이크를 꾹 밟고 시동을 걸어 보았다. 그러자 매간다이저가 말을 하기 시작했다.

"기기기기~ 키키키키~ 부르릉!"

"와! 할렐루야!"

나는 당장 집으로 올라가 아내에게 시동이 걸렸다고 말했다.

"정말? 하나님이 해주셨다!"

아내는 감격하며 외쳤다. 나는 급하게 세수를 하고 아직도 꿈나라에 빠져 있는 의인이를 차에 태웠다. 그렇게 우리 가족은 겨우겨우 특새를 향해 출발할 수 있었다.

이런 일이 그 후로도 계속되었다. 급할 때마다 안수 기도로 매간다이저를 살려 내 6개월이나 더 탔다. 그때의 매간다이저를 생각하면 하나님께 너무 감사하고, 좀 더 버텨 준 매간다이저도 고맙다.

하나님은 이런 작은 일부터 오롯이 하나님만 바라보며 나아가도록 나를 훈련하셨다. 철저한 없음을 통해서 하나님의 은혜만을 발견하는

자로 만들어 가셨다. 이렇게 나를 단련하신 하나님의 이야기가 나의 인생을 채워 가기 시작했다.

사실 그 이야기가 짧기를 기대했다. 너무 힘든 여정임을 알기 때문이었다. 훌훌 털어 버리고 싶었던 『천로역정』 작업은 가난과 맞물려 쉽사리 끝나지 않았다. 그러나 하나님은 내가 고난 가운데 있을 때마다 하나님을 향한 초심을 잃지 않게 하시고 도움의 손길을 내밀어 주셨다.

> 나를 기가 막힐 웅덩이와 수렁에서 끌어올리시고 내 발을 반석 위에 두사 내 걸음을 견고하게 하셨도다(시 40:2).

크리스천은 혼자 절망의 수렁에 남아 허우적거리고 있었다. 그는 마을 반대쪽으로 안간힘을 쓰며 나아가 좁은 문이 보이는 수렁 가장자리 쪽으로 가서 빠져나오려고 버둥거렸다. 그러나 아무리 애를 써도 등의 짐 때문에 늪에서 빠져나오기란 쉬운 일이 아니었다. 그때 도움(Helper)이란 사람이 크리스천에게 다가가 그곳에서 무엇을 하고 있느냐고 물었다.

16

우연이란 없다
도움

깊은 수렁을 피할 수 있길 간절히 원하지만, 어느샌가 그 한가운데 빠져 도움을 애타게 기다리는 게 인생인 것 같다. 나의 인생도 그런 삶의 연속이었다.

매번 급할 때마다 안수 기도를 받고 살아난 매간다이저는 아내를 매일 수원 광교에 있는 교회까지 출퇴근시켜 주었다. 그날도 아내는 출근하기 위해 매간다이저를 몰고 나갔다. 10여 분이 지났을까, 아내에게서 전화가 왔다. 수화기 너머 아내의 목소리가 몹시 떨리고 있었다.

"여보, 차가 가다가 갑자기 시동이 꺼져서 겨우 도로 우측에 세웠어. 어떡하지?"

아내가 많이 놀랐을 것 같아 가슴이 철렁했지만, 도로에 다른 차들이 없다기에 마음을 가라앉힐 수 있었다. 무사히 갓길 안전한 곳에 차를 세울 수 있게 해주신 하나님께 감사했다.

잠시 후 매간다이저는 패잔병의 모습으로 견인차에 끌려 집으로 돌아왔다. 아내는 시간이 늦어 교회에 양해를 구하고 버스를 이용해 다시 출근길에 올랐다. 매간다이저는 카센터에서 점검을 받아 본 결과, 수리 비용이 100만 원이나 나왔다.

'급할 때마다 안수 기도로 살아나던 매간다이저를 이제는 보내 줄 때가 되었구나.'

늦은 저녁, 아내가 퇴근해서 돌아왔다.

"여보, 차 고치는 비용이 100만 원이라고 하네. 우리, 생활비도 없고 매번 차 수리 비용이 너무 많이 드는데, 이렇게 고칠 바에는 매간다이저를 평안하게 보내 줍시다."

아내도 나의 말에 동의했다. 그동안 우리의 발이 되어 준 매간다이저는 다음 날 그렇게 우리 곁을 떠났다.

매간다이저가 떠나고 가족의 모든 일상에 불편함이 몰려왔다. 당장 아내는 수원 광교까지 매일 버스로 출퇴근을 해야 했다. 차편이 좋지 않아 왕복 세 시간이 걸렸다. 버스에서 시달린 아내는 집으로 돌아오면 저녁도 제대로 못 먹고 아침까지 코를 골며 잤다. 그리고 또 아침 일찍 일어나 출근하는 아내의 피곤한 일상을 보며 눈물이 나왔다. 의인이 또한 먼 거리 통학으로 힘들어했다. 내가 해줄 수 있는 게 아무것도 없었다.

"여보, 힘들지?"

"괜찮아. 차 타고 이 생각 저 생각, 기도도 하고 잠도 실컷 자고 아직

까진 참을 만해."

　나는 무능력한 가장이었다. 시간이 흐를수록 나 스스로 무언가를 할 수 있다는 생각을 버렸다. 심지어 내가 한다는 말을 쓰지 않기로 했다. 어떤 어려움이 있어도 『천로역정』 작업을 끝내야 한다는 마음 때문이었던 것 같다. 하지만 무거운 마음도 내 안에서 신앙의 여과기를 지나 돌파구를 찾아가고 있었다.

　'하나님이 해주시겠지.'

　모든 것을 하나님이 해주실 테니까 아무것도 하지 말고 방관하자는 것이 아니었다. 주어진 시간 속에서 철저히 하나님만 바라보는 자로 살겠다는 다짐이었다. 엉킨 실타래가 풀리듯 복잡했던 마음이 하나님을 향한 신뢰로 단순해지기 시작했다.

　나는 하나님께 솔직하게 마음을 털어놓았다.

　"아버지, 좋은 차는 아니더라도 식구들 고생 안 하게 자동차 한 대만 주세요. 아내가 매일 3시간씩 왕복하느라 많이 지쳐 있습니다. 저 어린 딸이 고생하는 모습도 도저히 못 보겠어요. 아버지, 제발 불쌍히 여겨주세요."

　그렇게 일주일 정도 기도했을까? 이른 저녁, 페이스북 메신저에 한 메시지가 와 있었다. 자신을 찬양 사역자라고 소개하는 어떤 집사님이 이번에 발표한 CCM 신곡의 뮤직비디오를 만화로 만들고 싶은데, 작업이 가능하냐는 문의였다. 어떠한 콘티도 없이 음원을 듣고 떠오르는 대로 그려 달라는 다소 황당한 의뢰였다.

그런데 이게 웬일인가. 음원을 들어 보니 영상이 마구 떠올랐다. 요한계시록에 나오는, 버가모교회를 향한 흰 돌 언약이 머리를 스쳤다. 머릿속에 떠오른 이 영상을 잊어버리지 않도록 20분 만에 음원의 모든 콘티를 그려 냈다. 집사님께 시안을 보여 드리니 너무 좋다고 말씀하시며 다음 날 바로 계약하자고 하셨다. 거의 3주 만에 모든 작업이 끝났다. 집사님은 매우 만족하시며 처음에 약속한 작업비에 웃돈까지 주셨다.

드디어 나에게 돈이 생겼다. 돈을 받자마자 중고차를 사러 빗속을 뚫고 파주까지 갔다. 3년 된 중고 경차를 350만 원에 사서 어깨를 쭉 펴고 기세등등하게 아내에게 선물했다. 차 열쇠를 건네주면서 허세를 부리듯 말했다.

"내가 선물하는 거니까 잘 타고 다녀."

아내는 다음 날 기쁜 마음으로 출근했으나, 저녁때는 얼굴이 하얘져서 집에 돌아왔다.

"여보, 오 목사님이 말씀하시는데 지금 저 차 가격이 저렇게 쌀 수가 없다고 친구 이야기를 해주시면서, 혹시 침수 차가 아닌지 검사해 보라고 하시네."

그 말에 가슴이 덜컥 내려앉았다.

"아니야. 믿는 분이 그런 차를 팔겠어?"

그러나 저녁 내내 찜찜한 마음이었다.

"침수 차면 어떡하지? 아니겠지, 설마…."

이리 뒤척, 저리 뒤척 밤잠을 설쳤다. 날이 새자마자 자리에서 벌떡 일어나 아내 몰래 자동차 엔진과 의자 밑 시트 깜빡이를 뜯어 보았다. 그러자 진흙이 여기저기서 나왔다.

"이를 어쩌지? 처음부터 엔진 소리가 이상하더니만…."

한숨이 절로 나왔다. 전날 자동차 등록이 안 되어 찜찜한 마음으로 차를 끌고 왔는데 오히려 다행이었다. 자동차를 판매한 사장에게 전화했더니 버럭 화를 내면서 그런 차 아니라고 딱 잘라 말했다. 하지만 확실한 증거를 대니 더는 모른 척하지 못하고 차를 반품해 주었다. 돈을 다시 돌려받고 그날 저녁 아내에게 말했다.

"여보, 차를 위해 기도했지만, 막상 돈이 손에 쥐어지니 마음이 달라지더라고. '내가 사 주는 거야. 내가, 내가.' 하다가 이런 일이 생긴 것 같아. 우리가 원하는 차 말고 하나님이 준비해 주신 차를 달라고 기도하자."

뮤직비디오를 만들 때 병행했던 일이 또 하나 있었다. 기독교 웹툰 공모전이었다. 공모전에 '천로역정 일지'라는 웹툰을 출품했는데, 사실 그 작품은 출판사에 『천로역정』 출간 기획서로 보냈던 원고였다. 그 원고를 웹툰으로 편집해서 출품한 것이었다. 그런데 침수 차 대금을 돌려받은 다음 날, 웹툰 공모전에서 대상을 받게 되었다. 그때 대상 상금은 200만 원이었다. 좀 더 좋은 중고차를 사라는 하나님의 뜻인가 보다 했다. 아내와 나는 일주일 동안은 중고차 사이트를 보지 말고 기도에만 집중해 보자고 했다.

"아버지, 우리의 형편과 처지를 너무나 잘 아시는 아버지. 저희 가정을 위해 준비하신 차를 주세요."

그렇게 마음을 모아 일주일간 기도한 후 중고차 사이트를 검색하기 시작했다. 마침 마음에 드는 차가 하나 있었다. 차를 판매하는 분도 유난히 솔직하고 친절했다. 나는 차를 직접 보기 위해 가양동에 있는 자동차 매매 상가로 향했다.

"이 차입니다."

딜러가 보여 준 차를 보고 순간 내 눈을 의심했다. '56 머 8604'라고 쓰인 번호판이 햇빛에 반사되어 반짝거리고 있었다. 예전에 타고 다니던 매간다이저는 '37 구 8604'였는데…. 물론 우연일 수도 있으나 나는 그렇게 생각하지 않았다. 마치 하나님이 이렇게 말씀하시는 것 같았다.

"이것이 네 차다."

하나님의 일하심을 볼 때마다 우리 가족은 이렇게 말한다.

"아, 하나님이 다 하셨구나. 하나님이 하실 것이다."

우리의 기도를 들으시는 분은 창조주 하나님 아버지시다. 세상을 살아갈 때 흔히 듣는 말이 있다.

"기가 막힌 우연의 일치네."

어떤 일의 결과를 이런 식으로 일관하지만, 신앙인인 우리에게 우연이란 없다. 다 하나님의 인도하심과 예비하심, 섭리의 결과일 뿐이다. 나는 고난을 통해 하나님의 말씀을 몸소 깨닫고 거룩을 향해 한 걸음씩 내딛고 있었다. 하나님은 이렇게 모든 일을 주관하시며 우리 가정을 기도의 깊은 자리로 인도하셨다.

> 주 여호와께서 이같이 말씀하셨느니라 그래도 이스라엘 족속이 이같이 자기들에게 이루어 주기를 내게 구하여야 할지라(겔 36:37).

아침이 되자 거인은 순례자들에게 전날처럼 사나운 태도로 다가갔다. 거인은 자신이 전날 한 매질 때문에 그들이 굉장히 아파하고 있다는 것을 깨닫고는 순례자들에게 너희는 절대로 이곳을 나가지 못할 테니 칼이나 밧줄이나 독약으로 스스로 목숨을 끊는 수밖에 없다고 말했다.

17

내 방에 살던 거인
절망의 거인

    시퍼런 핏줄이 도드라진 이마 아래, 붉은 눈빛을 이글거리며, 모든 생명체를 통째로 삼켜 버릴 듯한 날카로운 이를 가진 비대한 거인은 먹잇감을 찾느라 허기져 있었다. 떡 벌어진 입술 너머에 가득 고인 끈적한 소화액 사이로 보이는 날카로운 이는 어떤 생명체도 우두둑 부서트릴 태세다. 그의 이름은 절망의 거인이다. 모든 사람이 이 절망의 거인을 인생에서 한 번쯤은 만난다.

    나는 중학교 시절 절망의 거인을 처음 만났다. 싸늘한 어머니의 주검 앞에서, 모든 것이 멈춰 버린 듯한 한 작은 병원 구석진 곳에서 절망의 거인을 마주했다. 그때 절망이 아직도 내 마음 깊은 곳에 남아 몸서리쳐진다.

    절망이 삼켜 버린 시간이 회복되어 갈 즈음, 스물여덟, 절망의 거인이 다시 뚜벅뚜벅 걸어왔다. 내 생명을 가져갈 모양새였다. 하지만 절망의 거인은 나의 생명을 삼킬 수 없었다. 절망의 거인은 계속해서 나를 주시하고 있었다. 마흔이 되자 28살에 찾아왔던 절망의 거인이 또다시 찾아왔다. 구원받은 순례자인 나와 한판 승부를 내 보자고, 나로 하여금 죽음의 길, 곧 패배자의 길을 택하게 하려고 온 것이었다.

『천로역정』을 만드는 기간 6년 내내, 내 방 안에는 절망의 거인이 살고 있었다. 그는 나를 노려보며 말했다.

"재능도 없으면서 왜 그런 그림을 그리겠다고 설치는 거냐? 처자식은 생각도 안 해? 혼자서 끝까지 다 그릴 수는 있겠느냐? 배고프잖아. 지금이라도 처자식 생각해서 택시 운전이라도 해라."

거인에게 이러한 소리를 들을 때면, 나는 절망의 늪에서 허우적대며 연거푸 거친 한숨을 내쉬었다. 흐르는 눈물을 닦을 힘도 없이 말이다.

어느 날 아내가 지친 몸으로 퇴근해 말했다.

"여보, 『천로역정』 작업이 언제 끝날지도 모르는데 나 혼자 일해서는 가정을 도저히 못 끌고 가겠어. 당신도 낮에 일하면 안 될까? 작업실 맞은편에 있는 김밥 공장에서 직원을 구한다고 하더라고. 거기서 일하면 안 될까? 『천로역정』을 그리지 말라는 말이 아니야. 눈앞에 닥친 현실이 있잖아. 그러니 좀 더 멀리 보면 어때? 빚이 자꾸 늘고 있어. 김밥 공장이 3교대라고 하니 일하고 남는 시간에 그림을 그리면 되지 않을까?"

나는 고개를 푹 숙였다.

"그래, 내가 당신을 너무 많이 고생시킨 것 같아. 정말 미안해. 당신

말대로 할게."

다음 날, 김밥 공장에 이력서를 냈다. 공장장은 보건소에 가서 위생 검사를 받고 오라고 했다. 위생 검사를 받고 서류를 제출하니 다음 날부터 바로 출근하라고 했다.

나는 아내에게 어렵사리 말을 꺼냈다.

"여보, 김밥 공장에 이력서 냈어. 내일부터 출근하라네. 그런데 거기에서 일하기 어려울 것 같아."

"왜? 왜 어려워?"

"그 공장은 3교대 근무라 주일에도 출근해야 한대. 주일날 예배를 빠지면서까지 하는 일이라면 안 하고 싶어."

"주일날은 시간을 조정해 달라고 하면 안 돼?"

"아까 공장장과 면담해 봤어. 주일에는 편의를 봐줄 수 없겠냐고 물었더니, 모든 사람이 순서대로 돌아가면서 쉬는데 내 편의만 봐줄 수 없다고 하더라고."

갑자기 눈물이 터져 나왔다.

"여보, 온전하지 않은 이 손가락으로 내가 공장에서 무슨 일을 할 수 있겠어?『천로역정』을 다 마칠 때까지만 참아 주면 안 되겠어? 그 일만 마무리하면 큰돈은 못 벌어도 성실히 돈을 갖다 줄게. 택시 운전이나 막노동을 해서라도 당신 짐을 줄여 줄게. 여보, 나, 이 작품만 완성한다면 여한이 없을 것 같아. 정말로 하나님이『천로역정』을 그리라는 마음을 주셨어. 정말이야. 당신이 누구보다 잘 알잖아.『천로역정』그리는 것을 막고 평생 나한테 원망 들을래, 아니면 이 순례 길을 완주하도록 기도로 도울래?"

아내는 나의 절규에 눈시울이 붉어져 있었다.

"알겠어. 당신의 뜻이 그렇게 확고하다면 하나님이 끝까지 인도하셔서 마치게 하시겠지…."

그날부터 아내는 힘든 기색이 역력했지만,『천로역정』작업 외에 다른 일은 요구하지 않았다.

아내가 방문을 닫고 나가자, 어두운 벽에 숨어 있던 절망의 거인이 비웃기 시작했다.

"쯧쯧. 거 봐라. 뭘 한다고?『천로역정』을 그린다고? 네가 아끼는 딸아이에게 짜장면 한 그릇 제대로 못 사 주는 인간이 천성 가는 순례의 여정을 그리겠다고?"

정말 비참했다. 그림에 대한 열정이 넘쳐도 온전하지 않은 손 때문에 진도가 나가지 않았다. 또 조용히 눈물만 흘릴 뿐이었다.

마음을 다잡고 다시 원고를 그리고 있는데 친한 선배 형님에게 전화가 왔다.

돈을 많이 줄 테니 성인 만화 작업을 같이하자는 것이었다.

"형님도 아시잖아요. 저 이제 성인 만화 안 그려요."

"너 지금 너무 힘들잖아. 눈 질끈 감고 잠깐만 도와주라."

무거운 마음으로 정중히 거절했다. 통화를 마치자 절망의 거인이 마음속에서 또다시 나를 조롱하기 시작했다.

"이 좋은 기회를 왜 거절해? 성인 만화를 그리면 김밥 공장에서 일하는 것보다 돈을 몇 배 더 벌 텐데…. 아직 배가 덜 고픈가 봐? 미련하기는…. 그렇게 신앙의 절개를 지킨다고 누가 알아주겠어? 너의 신이 그렇게 하라고 하든?"

비아냥거리는 소리에 머리끝까지 화가 치밀어 올랐다.

"사탄아, 나사렛 예수 그리스도의 이름으로 명하노니 썩 물러가라!"

"네 놈이 영화를 많이 봤구나? 그런다고 내가 사라질까…."

나는 그 자리에서 무릎을 꿇었다.

"하나님, 저를 불쌍히 여겨 주세요. 아버지, 아버지…."

그렇게 아버지의 이름을 부르며 하염없이 울었다. 하나님이 내게 왜 이런 일을 경험하게 하실까? 그 뜻을 헤아려 보려고 생각에 생각을 거듭했다. 절망의 거인이 벽에 기대어 나를 노려보는 그 방에서 아픈 손을 부여잡고 계속해서 그림을 그렸다. 성경책과 『천로역정』도 꾸준히 읽어 나갔다.

축 처진 마음에 절망이 파고들지라도 말씀이 나를 붙잡고 있다면, 기도가 내 안에서 노래가 된다. 뼈만 남은 앙상한 마음도 분명히 새살이 돋아난다. 절망은 내가 의지하는 신이 없다며 나를 어두운 무저갱으로 내동댕이치려 하지만, 절대로 나를 해치지 못한다.

그들을 내 손에서 빼앗을 자가 없느니라(요 10:28).

사실 절망에 빠진 내가 나 자신을 해칠 수 있다. 스스로 목숨을 끊으라는 유혹에 내가 내 삶의 주인인 양 나를 내어 줄 뿐이다. 절망은 우리 안에서 끝없이 속삭인다.
"절망의 길에서 빠져나가는 길은 오직 죽음뿐이다."
그러나 죽음은 절망의 끝이 아니다. 죽음은 다른 세계로 들어가는 문일 뿐이다. 그곳에는 더 큰 영원한 절망이 기다리고 있다는 것을 속인다. 살 속에 박힌 절망이 두려움에 떨 날이 올 것이다.

크리스천과 소망이 절망의 거인에게 잡혀 의심의 성 지하 감옥에서 고초를 겪고 있을 때, 크리스천이 이렇게 중얼거린다.

> 바보 같으니라고! 자유롭게 걸어 다닐 수 있는데도 냄새나는 감방에 누워 있다니. 내 가슴속에 약속(Promise)이라는 열쇠가 있는 것을 깜빡 잊어버리고 있었소. 이 열쇠는 의심의 성(Doubting Castle)의 모든 문을 열 수 있소.

그렇다. 가슴에 새겨진 새 언약의 말씀이 내 안에서 살아 숨 쉴 때, 바로 그날이 절망이 죽는 날이다. 나는 절망 대신 기다림의 배를 드넓은 말씀의 바다에 띄운다. 그 배의 키는 기도다. 이제는 어둠의 영도, 사망의 음침한 골짜기도 나를 쓰러트릴 수 없다.

우리가 사방으로 욱여쌈을 당하여도 싸이지 아니하며 답답한 일을 당하여도 낙심하지 아니하며(고후 4:8).

내 얼굴은 울음으로 붉었고 내 눈꺼풀에는 죽음의 그늘이 있구나(욥 16:16).

나는 그 세 사람 모두 고난의 언덕(the Hill Difficulty) 기슭에까지 거의 다다른 것을 보았다. 언덕 아래는 샘 하나와 세 갈래의 길이 있었다. 하나는 좁은 문에서 곧게 뻗어 나온 좁은 길이었으며, 다른 하나는 왼쪽으로, 나머지 하나는 오른쪽으로 굽어 있었다. 굽어진 두 길과는 달리 좁은 길은 언덕 꼭대기까지 직선으로 곧장 뻗어 있었다. 그곳으로 올라가는 비탈길의 이름은 고난(Difficulty)이었다.

18

정말 길이 있을까?
고난의 언덕

  고난의 언덕 너머에는 정말 길이 있을까? 퉁퉁 부은 검지에 흰 붕대를 한껏 감아 놓았다. 검지는 그림을 그릴 때 선의 미세한 부분을 담당한다. 검지를 보며 나는 연신 넋두리를 늘어놓았다.
  "참 나, 그림쟁이가 손을 사용할 수 없으니…."
  검지 인대 파열은 설상가상으로 가난과 맞물려 나의 가슴을 바짝바짝 타들어 가게 했다. 원고는 거의 진행되지 못했다. 불안한 마음에 펜을 들어 그림을 그리면 그다음 날은 병원에 가야 했다. 이런 일상이 반복되자 의사가 내게 충고했다.
  "검지를 절대 사용하시면 안 됩니다. 아픈 게 더 오래갈 수 있어요."
  병원에서는 끝내 검지를 구부리지 못하도록 깁스를 해놓았다. 무리하게 펜을 들었던 것이 화근이 되어 인대까지 파열되었다. 그런데 여기

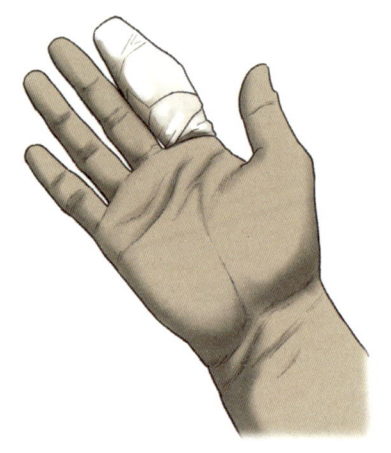

서 끝이 아니었다. 오른손 새끼손가락 중간 마디 뼈가 점점 튀어나오기 시작했다. 급기야 나중에는 연필을 잡을 수 없을 정도로 통증이 느껴졌다. 그래도 그림을 그려야 한다는 마음에 연필을 잡아 보았지만, 원고지에 손가락이 닿을 때마다 통증이 더 심해졌다.

방문을 잠그고 맥없이 천장만 바라보았다. 검은색 커튼을 쳐 놓아 방이 어두컴컴했다. 마치 내 마음을 그대로 보여 주는 듯했다. 눈가에 유유히 흐르는 눈물은 머리카락을 적시며 목덜미를 지나 가슴의 응어리와 맞닿았다.

"하나님, 저한테 자꾸 왜 이러세요? 제가 어떻게 하기를 원하세요? 『천로역정』으로 영광 돌리려고 이 길 왔잖아요."

원망이 바짝 마른 입가에서 맴돌며 벌려진 두 입술 사이로 새어 나왔다. 그렇지만 아버지께서는 아무 말씀도 안 하셨다. 그저 난 철야예배 때마다 고개를 떨군 채 서러워 눈물만 흘렸다.

그런 시간을 반복하며 지내던 어느 날, 아내와 나는 우연히 어떤 뉴스를 보게 되었다. 어느 웹툰 작가의 작업실을 소개하는데, 모니터 태블릿 위로 작가의 손놀림에 화려하게 그려지는 그림을 목도했다. 유심히 그 장면을 본 아내는 내게 물었다.

"여보, 저 기계는 뭐야?"

"작년에 당신에게 말했던 기계야. 그림 그리는 컴퓨터."

"와, 저거 너무 좋다."

"어, 좋아. 모니터 태블릿이라고 하는데 진짜 비싸. 가장 중요한 것은 내가 다룰 줄 몰라."

사실 2년 전부터 주위에서 모니터 태블릿에 관한 이야기를 들었지만, 워낙 고가의 장비라 우리 형편에 욕심을 부릴 수가 없었다. 하지만 아내는 상기된 얼굴로 말했다.

"연세가 많은 저분도 저렇게 잘하는데 당신이라고 못하겠어? 더 잘할 거야. 그런데 저거 얼마야?"

"너무 비싸서 못 사."

"왜 못 사? 우리에겐 카드가 있잖아. 그냥 할부로 사지, 뭐…."

잠시 망설였지만 나는 곧 후배 작가를 통해 알아보겠다고 대답했다.

다음 날, 후배 작가의 작업실에 가서 모니터 태블릿을 시연해 보았다. 그런데 웬일인가? 통통 부은 손에 필압이 가해지지 않아도 내가 원하는 선 모양이 나왔다. 결국 나는 그날 바로 온라인으로 장비를 구매했다.

장비 사용이 수작업처럼 익숙해지는 데는 6개월의 시간이 걸렸다. 인터넷 정보와 후배 작가의 도움으로 장비 사용법을 익힐 수 있었다. 펜촉에 힘을 주어 원고지 위에 한 선, 한 선 그림을 그렸던 시절은 지나갔다.

원망과 아픔의 시간을 주었던 검지는 서서히 좋아지기 시작했다. 손가락이 온전해지기까지 1년 반을 고생했다. 그동안 먹고살기도 빠듯해 모니터 태블릿은 생각조차 못했는데, 인대 파열로 인해 도리어 그림을 편하게 그릴 수 있게 되었다. 그림 그리는 인생, 고생길을 덜어 주시려는 하나님의 섭리가 아니었을까?

장비를 어느 정도 자유자재로 다루기 시작할 무렵 내 마음속에서 아버지의 음성이 들려왔다.

"아들아, 고난이 네게 유익이 되었느냐?"

나는 하던 일을 멈추고 그 자리에 주저앉아 어린아이처럼 엉엉 울었다. 나의 의지와 상관없이 하나님의 손에 이끌려 이미 가파른 고난의 언덕을 넘어가고 있었던 것이다. 아버지의 사랑 때문에, 나는 오늘도 책상 앞에 앉아 나의 힘이 되시는 아버지를 부른다.

"나의 힘이 되신 아버지, 아버지를 사랑합니다."

누가 고난의 언덕 너머에 길이 없다고 말할 수 있겠는가.

고난당한 것이 내게 유익이라 이로 말미암아 내가 주의 율례들을 배우게 되었나이다(시 119:71).

Part 3

길은
계속된다

소망 : 그런데 그 강도들은 작은 믿음이 가지고 있던 것을 모두 빼앗아 갔나요?
크리스천 : 아닙니다. 작은 믿음이 갖고 있던 보물은 강도들이 찾지 못했지요. 작은 믿음은 보물만은 지킬 수 있었소. 그러나 잃어버린 돈 때문에 무척 고생을 했다더군요.

19

할머니 안에 있는 작은 보물
작은 믿음

    중학교 2학년 어느 가을날이었다. 어머니가 돌아가신 후 나는 사춘기를 겪고 있었다. 친구 둘과 함께 가을 햇살을 맞으며 주일예배를 마치고 집으로 돌아오는 길이었다.
    "철규야, 나 좀 전에 교회에서 빡빡머리 할머니 봤다. 그 할머니 진짜 머리카락이 하나도 없으시더라. 어떻게 그럴 수가 있지? 어떻게 여자가 그럴 수 있지?"
    "야, 그 할머니, 우리 할머니야!"
    "뭐! 너희 할머니라고? 거짓말!"
    "아니야, 그 할머니 철규 할머니 맞아."
    옆에 있던 친구가 내 눈치를 보며 슬그머니 말해 주었다.
    "그래, 우리 할머니야, 이 자식아!"

내가 화를 내자 우리 할머니를 놀렸던 친구가 머리를 긁적이며 바로 미안하다고 사과했다.

어린 시절에 나는 어머니의 자리를 대신하신 할머니를 창피해했다. 교회에서 할머니의 가발이 벗겨지면 머리카락 한 올 없는 할머니의 맨머리를 보고 사람들이 많이 놀라 했다. 철없는 동네 녀석들은 이런 할머니를 '빡빡머리'라고 놀렸고, 그럴 때면 우리 형제들은 그 녀석들을 꼭 따라가 복수를 했다.

"우리 할머니는 남자도 아닌데 왜 머리카락이 없으시지?"

나도 궁금하긴 했다. 그래서 할머니를 친구들에게 떳떳하게 말해 본 적이 없었다.

할머니는 일제강점기와 대한민국 건국, 6·25 전쟁을 다 겪으신 분이다. 할머니는 1914년에 태어나셔서 한 세기를 사시다가 2019년 12월 하나님 아버지께서 계신 본향으로 돌아가셨다.

할머니가 마흔이 되시던 해, 동네에 염병(장티푸스)이 돌았다고 한다. 할머니 말을 빌리자면, 동네에는 하루가 멀다 하고 많은 사람이 죽어 나갔다고 한다. 그 마을에서 이 병을 이겨 낸 사람이 몇 계셨는데, 그중에 한 명이 할머니셨다. 병을 앓고 난 후 할머니는 40대 초반에 치아가 다 빠지고, 머리카락도 다 빠지셨다. 할머니는 맨머리에 수건을 두르시다가 시대가 변하면서 가발을 쓰셨고, 틀니도 하셨다. 40대, 한창 미모를 가꾸어야 할 젊은 나이에 할머니는 허름한 가발로 머리를 꾸미셨다.

할머니는 어린 나에게 할머니의 과거 이야기를 많이 들려주셨다. 할머니의 이야기를 적어 본다.

"하루는 밥을 먹고 있는데 일본 순사놈들이 들어와서 밥상을 뒤집어 엎어 버리는 겨. 그리고는 집에 있는 놋그릇을 다 가지고 가 버렸어."

"왜?"

"총알 만든다고 다 가져간 거여. 전쟁은 무서운 겨."

"할머니, 또 이야기해 줘."

"그랴. 그때는 6·25 동란 때였어. 전쟁이 일어나서 피난을 갔지. 피난 가기 전에 땅속에 항아리를 묻고 그 속에 쌀을 숨겨 두었잖아. 그런데 피난 갔다가 돌아와 보니 그 염병할 인민군들이 항아리에 있는 쌀을 다 먹어 버린 겨. 그리고 그 속에 똥을 잔뜩 싸 놓은 겨. 할머니는 배곯아서 산나물을 먹고, 소나무도 벗겨 먹고 그랬어. 할머니가 살던 곳에 굴이 하나 있었는데, 그 굴속에 국군들이 숨어 있었어. 그해 농사지은 쌀로 우리 군인들 잘 싸우라고 밥해 먹여 놨더니 우리나라를 남한하고 북한하고 갈라 놨어. 이 염병할 놈들!"

할머니는 이야기를 더 듣고 싶어 하는 손주를 위해 수많은 이야기보따리를 풀어 놓으셨다. 하지만 막내 삼촌 이야기가 나오면 그리움에 눈시울을 적시곤 하셨다. 남의 손에 죽임당한 막내 삼촌과 그도 모자라 또 먼저 보내야 했던 세 명의 자식들 그리고 며느리까지…. 기구한 인생을 사신 할머니는 돌아가신 어머니를 통해 예수님을 믿게 되셨다.

아주 어렸을 적 기억이다. 기본 한글만 아셨던 할머니는 내가 6살 때부터 성경으로 한글을 가르쳐 주셨다. 덕분에 나는 한글을 일찍 떼게 되었다. 할머니는 돋보기안경을 쓰고 창을 하듯 성경을 읽으셨는데, 나중에는 7살이 된 내가 할머니를 위해 성경을 읽어 드렸다.

성경을 읽어 주었던 아이의 소리는 사라지고, 가족 전체가 함께 성경을 읽으며 가정예배를 드리기 시작했다. 내가 군대에 가기 전에도, 군대에 갔다 오고 나서도, 술과 담배에 찌든 삶을 살아갈 때도, 또 방황할 때도… 여전히 본가에서는 가정예배를 드렸다.

우리 집 가정예배는 귀가 잘 들리지 않으시는 할머니의 목소리가 엇박자로 들렸다. 할머니의 기도와 찬양, 말씀 봉독, 주기도문 소리…. 우리 집의 주제가인 새찬송가 28장 「복의 근원 강림하사」는 할머니가 끝까지 부르셔야 다음으로 넘어갔다. 할머니의 창을 부르는 듯한 찬양 소리와 말씀 읽으시는 소리가 오늘도 그립다.

할머니가 유독 예뻐하셨던 그 어린 손주가 장성하여 어느덧 한 가정을 이루었다. 바쁜 일상을 살다 보니 명절이나 생신 때가 아니면 할머니와 마주 앉아 이야기를 할 시간이 없었다. 1년에 몇 번 안 되는 가족 모임에서 할머니는 후손들에게 반가움을 이렇게 표현하셨다.

"안 죽어, 안 죽어."

자손들에게 누가 될까 봐 그렇게 말씀하셨으리라.

"하나님이 나를 언제쯤 데리러 오실까? 며느리도 데려가시고, 아들 딸도 데려가시고, 내 두 동생도 데려가셨는데 나는 언제쯤 데려가실까? 목숨이 안 끊어져. 이제 그만 가고 싶은데…."

할머니는 하늘 아버지께서 계신 본향으로 가고 싶어 하셨다. 이 땅에서 영원히 우리와 같이 사실 것만 같았던 할머니는 104세 때 요양원에 들어가셨고, 그곳에서 1년간 계시다 하늘 본향으로 들어가셨다.

할머니가 101세 되시던 해 여름이었다. 무릎 관절염으로 힘들어하시는 어머니에게 휴식을 드리고자 할머니를 오포에 있는 우리 집에서 한 달간 모시게 되었다. 아내와 나는 할머니에게 구원의 복음을 자세히 알려 드리기로 했다. 귀가 잘 들리지 않으시는 할머니를 위해 우리 가족은 두꺼운 종이를 깔때기 모양으로 말아 확성기처럼 만들고 작은 칠판에 글자를 써 가며 복음을 전하기 시작했다.

"할머니, 오늘 밤에 예수님 오셔도 확실하게 천국 들어갈 수 있어?"

"그러지…."

할머니는 아내와 나를 향해 웃으며 말씀하셨다.

"그럼 예수님은 누구야?"

"우리를 구해 주시려고 십자가에서 죽으셨잖아."

"그럼, 할머니는 죄 용서받았으니까 죄인이야, 의인이야?"

"아니야, 나 죄 안 지었어. 그래도 의인은 아니야."

"엥…."

우리 부부는 할머니를 위해 조곤조곤 말씀을 가르쳐 드렸다. 의인이까지 합세했다.

"할머니, 제 이름 뭐예요?

"의경이…."

'의인'이라고 발음하기 어려워하시는 할머니는 의인이를 '의경'이라 부르셨다.

"할머니, 의경이 아니야. 나 의인이야. 할머니도 이제 예수님 믿으니까 깨끗한 사람, 의인이야."

7살 의인이는 종이 확성기를 들고 아내와 나를 흉내 내며 자기 언어로 할머니에게 복음을 전하기 시작했다. 우리 가족은 언제 마지막이 될지 모르는 할머니의 삶에 천국 입성을 확실하게 준비해 드리고 싶었다.

"할머니, 할머니가 지은 모든 죄를 간과, '볼 간'(看), '지나칠 과'(過), 보았지만 지나쳤어요. 예수님 믿는 할머니를 '의롭다', '의인이다'라고 말씀하셨어요."

이 예수를 하나님이 그의 피로써 믿음으로 말미암는 화목제물로 세우셨으니 이는 하나님께서 길이 참으시는 중에 전에 지은 죄를 간과하심으로 자기의 의로우심을 나타내려 하심이니 곧 이때에 자기의 의로우심을 나타내사 자기도 의로우시며 또한 예수 믿는 자를 의롭다 하려 하심이라(롬 3:25-26).

결국 할머니는 주름 가득한 입술로 하나님이 가장 기뻐하시는 고백, "의인"이라는 고백을 당당하게 하셨다. 할머니는 할머니 안에 있는 작은 보물을 105세가 될 때까지 지키셨다. 아니, 작은 믿음이지만 믿음의 보석을 끝까지 잃지 않도록 하나님이 자비를 베푸셨다. 나는 그 시간이 할머니에게 있어 구원의 기쁨을 다시 누린 시간이었으리라고 믿는다.

설령 40세 젊은 나이에 수건과 가발을 두르며, 연약한 육체는 볼품없어 보였을지라도, 예수님은 할머니의 기구한 인생에 찾아오셔서 긍휼을 베푸셨다. 생을 마치는 그 순간, 할머니는 후손들이 보기에 한없이 연약한 모습이셨지만, 그 마음에 한 노래를 즐겁게 부르지 않으셨을까?

"평화 평화 하나님 주신 선물 그 놀라운 주의 평화 하나님 선물일세"
(「내 맘에 한 노래 있어」, 새찬송가 410장).

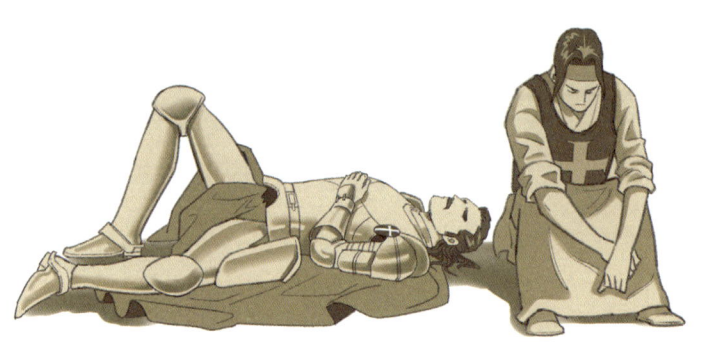

거인 절망은 순례자들을 성으로 끌고 가서는 더럽고 악취가 풀풀 나는 캄캄한 지하 감옥에 가두어 버렸다. 순례자들은 수요일 아침부터 토요일 저녁까지 빵 한 조각, 물 한 모금도 먹고 마시지 못한 채 어떻게 해야 좋을지 몰랐다. 오직 물어볼 사람 하나 없고 빛도 새 들어오지 않는 감옥에 꼼짝없이 갇힌 신세가 되고 말았다. 그들은 친구나 아는 사람들로부터 멀리 떠나게 되어 흑암에 거하게 되었던 것이다(시 88:18).

20

배고픔 속에서 피어난 믿음
의심의 성

순례 길에서 이탈한 크리스천과 소망은 샛길 초원이 시작되는 곳으로 되돌아가려고 한다. 하지만 칠흑 같은 밤이 되었고, 쉴 만한 장소로 가서 날이 밝기를 기다리다 잠이 들고 만다. 아침이 되어 그들을 깨운 것은 절망의 거인이다. 이 거인은 두 사람을 자신이 사는 의심의 성 지하 감옥에 가두어 놓는다. 지독한 배고픔이 있는 지하 감옥, 그곳에서 그들 가운데 서 있는 나를 보았다.

2016년 그해는 가을에도 불볕더위가 계속되었다. 이사를 오면서 에어컨을 설치하지 않은 터라 초가을 늦더위와 싸워야 했다. 아내와 의인이가 모두 나가고 나면 나만 덩그러니 집에 남았다.

집 안 이곳저곳을 정리하다가 무심코 쌀 포대 안을 들여다보았다. 두

끼 먹을 정도의 쌀만 남아 있었다. 나는 그 자리에 쭈그려 앉아 비어 있는 쌀 포대를 보며 한숨을 내쉬었다.

"점점 거지가 되어 가는구나…."

나는 쌀 포대를 안고 기도했다.

"아버지, 잘 먹고 잘살던 나를 이곳으로 이끌어 이렇게 손까지 망가뜨리시고, 그나마 믿고 있던 능력까지 다 거두어 가시니 속이 시원하세요? 지금이 6·25 전쟁 통도 아니고 쌀이 없어서 밥을 못 해 먹는다는 게 말이 됩니까! 맛있는 음식은 못 먹더라도 공복감은 주지 않으셔야죠. 왜 이렇게 저에게 잔인하십니까? 아버지, 눈이 있으시면 좀 보세요. 제 안의 꺾인 날개와 그로 인한 슬픔을 보옵소서."

그동안 꾹꾹 누르고 있던 울분이 폭발해 우는 사자처럼 포효했다. 그 더운 날, 늘어진 티셔츠 안으로 땀이 비처럼 흘러내렸다. 1시간 넘게 기도하다가 더위에 지쳐 나도 모르게 거실 바닥에서 깜빡 잠이 들었다. 그렇게 한참 잠에 취해 있는데 전화벨이 울렸다. 만화가이신 조 목사님이셨다.

"최 집사님, 『천로역정』 작업 잘되고 있어요?"

손을 다쳐서 어렵다고 말하고 싶었으나 전혀 다른 말이 나왔다.

"네, 목사님, 순조롭게 잘 진행되고 있습니다."

"그런데 최 집사님, 자꾸만 하나님이 쌀 두 포대를 최 집사님에게 갖다 주라는 마음을 주시네요. 주소 좀 문자로 찍어 주겠어요?"

몇 시간 뒤, 조 목사님이 쌀 두 포대를 가지고 집에 오셔서 기도해 주고 가셨다.

늦은 저녁 아내가 쌀 포대를 보며 물었다.

"여보, 이 쌀 뭐야?"

"응, 하나님이 주셨어."

그날 있었던 일을 이야기해 주자 아내가 너무 기뻐했다.

"정말로 하나님이 주셨네."

그렇게 행복한 마음으로 저녁 시간을 보냈다. 나는 작은 투정에도 세밀하게 응답해 주시는 하나님께 너무나 감사했다.

'이렇게 바로 기도 응답받은 사람 있으면 나와 보라고 해.'

5만 번 기도 응답받은 조지 뮬러(George Muller)가 안 부러웠다.

다음 날도 일찍 일어난 아내는 아침을 준비하고 부리나케 출근했다. 나는 곤히 자는 의인이를 깨워 등교 준비를 시켰다. 그렇게 아침 전쟁을 치르고 있는데 전화벨이 울렸다. 교회 초등부를 담당하시는 이 목사님이셨다.

"네, 목사님, 평안하셨어요?"

"네, 집사님, 지금 댁에 계세요?"

"네."

"그럼 잠시 내려오세요."

급하게 아래층으로 내려갔다. 현관 앞에는 이 목사님이 20kg 쌀가마니를 양쪽 어깨에 하나씩 두르고 서 계셨다.

"목사님, 어서 오세요."

"집사님, 집에 가기 전에 잠깐 들렀어요. 아버지가 농사지으신 햅쌀인데, 최 집사님과 나누어 먹으려고 가져왔어요."

그렇게 목사님은 쌀 두 포대를 주시고 바로 집으로 돌아가셨다. 신기한 일이었다.

오늘 있다가 내일 아궁이에 던져지는 들풀도 하나님이 이렇게 입히시거든 하물며 너희일까 보냐 믿음이 작은 자들아(마 6:30).

하나님이 나를 구원해 주신 것만도 감사한데 이것저것 이 땅의 것을 구하는 건 너무 염치없고 죄송스러운 일이라고 생각했다. 그런데 쌀 네 포대가 이틀에 걸쳐 들어오니 이런 생각이 들었다.

'하나님은 나를 책임지는 아버지시니 그 아버지께 내 상황을 상세히 아뢰어야 하는구나.'

저녁이 되어 아내가 돌아왔다. 쌀 포대를 보며 아내가 또 물었다.

"여보, 이 쌀 뭐야?"

"또 아버지께서 주셨어…."

그날 있었던 일을 말해 주자, 아내는 하나님이 주셨다며 또 감동했다. 돈이 있다면 쌀 한 가마니가 귀하면 얼마나 귀하겠는가. 그런데 그조차도 없어 오롯이 하나님께만 구했는데 이런 일을 보여 주시다니! 그날 저녁 식탁도 은혜의 도가니였다.

토요일 이른 아침, 작은형에게서 전화가 왔다. 진천 선산에 벌초하러

간다는 전화였다. 내가 손을 다쳐서 일을 못한다는 것을 알기에 전화로 안부만 전해 주었다. 오후 4시가 되어 작은형에게서 또 전화가 왔다. 벌초를 마치고 아버지와 함께 우리 집으로 오고 있다는 것이었다. 잠시 후 아버지와 작은형이 도착했다. 아버지는 내게 물으셨다.

"철규야, 손은 좀 괜찮니?"

걱정하실까 봐 이렇게 말씀드렸다.

"네, 아버지, 많이 좋아졌어요."

"이 아비는 네가 참 자랑스럽다. 네가 예전에는 갈 바를 몰라 방황하더니 이렇게 하나님께 의지해 살아가는 모습이 자랑스럽다."

아버지는 나에게 격려를 아끼지 않으셨다.

"어떤 일이든지 작은 것에 충성하면 하나님이 너를 복되고 복되게 해 주실 거다."

평소 과묵하신 아버지는 상심한 나를 안아 주시며 큰 위로를 주셨다. 그 사이 작은형은 시골에서 농사지은 햅쌀 두 가마니를 트렁크에서 꺼내 현관문 앞에 내려놓았다. 아버지는 시골에서 농사지은 쌀을 매년 자식들과 교회 사역자들에게 나누어 주셨는데 오늘이 그날이었다. 그렇게 아버지와 작은형이 떠나고, 나는 저녁 준비에 흥이 나 있었다. 찬양이 절로 나왔다.

퇴근하고 집에 돌아온 아내는 쌀 포대가 또 있자 의아해했다.

"여보, 이 쌀가마니 또 뭐야?"

"어, 좀 전에 아버지가 주고 가셨어."

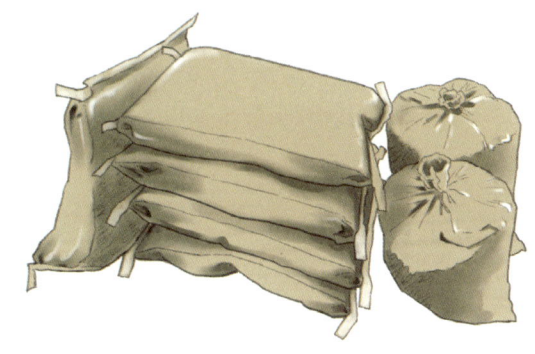

"하나님이?"

"아니, 우리 아버지가….."

그날 저녁 가정예배도 축제 분위기였다. 집이 워낙 외진 곳이라 소리를 질러도 뭐라고 하는 사람이 없기에 우리 가족은 기타까지 치며 큰 소리로 찬양을 밤늦게까지 불렀다.

어제의 기쁨 때문일까. 주일 아침 왠지 모를 설렘을 안고 예배를 드리러 교회에 갔다. 예배를 잘 마치고 집으로 가려고 하는데, 유치부 교사인 이 집사님이 나를 잡았다.

"최 집사님, 잠깐만요. 시골에서 햅쌀이 올라왔는데 나누어 먹으려고 가지고 왔어요. 집사님, 차 트렁크 좀 열어 주세요."

집사님이 주신 쌀 한 가마니를 받아서 집에 쌀가마니가 쌓아진 곳에 놓았다. 모두 일곱 포대였다.

"7이네! 완전수! 하하!"

하나님이 이 모든 일을 이루셨다고 증거를 보여 주시는 듯했다.

하나님이 베푸신 작은 기적을 통해 그분의 깊은 사랑을 또 체험했다. 그러나 나는 이 일을 통해 육체의 배고픔으로 한 인간의 믿음 없음을 보았고, 영적 허기짐이 불평과 원망으로 분출된 나의 모습을 볼 수 있었다. 믿음이 가늠되지 않는 일상 속에서 가난을 통해 나의 본모습을 본 것이다. 누가 주님 앞에서 믿음 있다고 당당히 고백할 수 있을까. 나는 하나님의 절대적 은혜가 아니면 온전한 믿음 또한 소유할 수 없는 한낱 연약한 인간임을 또 깨닫게 되었다.

> 하나님이여 내게 은혜를 베푸소서 내게 은혜를 베푸소서 내 영혼이 주께로 피하되 주의 날개 그늘 아래에서 이 재앙들이 지나기까지 피하리이다(시 57:1).

나는 길에서 조금 떨어진 곳에, 점잖게 보이는 데마(Demas)라는 사람이 은광을 등진 채 서서 여행자들에게 구경하라고 손짓하는 것을 꿈에서 보았다. 데마는 크리스천과 소망에게 말했다.

데마 : 이봐요! 이쪽으로 와 보시오. 구경시켜 드릴 게 있어요.

크리스천 : 도대체 우리가 가던 길을 바꿔 가 볼 만큼 구경할 게 뭐가 있습니까?

데마 : 이곳에는 은광이 있어서 돈을 벌기 위해 땅을 파는 사람들이 있습니다. 힘들이지 않고 조금만 일하면 곧 부자가 될 거요.

21

한몫 챙겨 편하게 가고 싶지 않은
사람이 어디 있을까
데마의 유혹

  신앙의 길을 걷다 보면 인생에서 후회되는 만남이 있다. 다른 사람을 유혹해 세상으로 가게 하는 데마와 같은 사람이 있다. 믿음의 길을 걷다 보면 그런 사람을 만날 수 있다. 잘못된 선택으로 데마와 같은 사람을 만나 쉽게 올 수 있었던 길을 돌고 돌아서 왔다면 그 후회란 이루 말할 수 없을 것이다.
  한순간의 잘못된 선택은 사실 내 안에 내재된 강한 욕망의 분출구로 활용되기도 한다. 그 욕망이 분출되지 않으면 단단히 숨어 있어 그럴싸한 나로 인식하게 만든다. 데마와의 만남은 어리석은 나를 안타깝게 만들었지만, 내 안에 있는 또 다른 데마를 만나는 시간이었다.
  어렵사리 한 고개, 한 고개 넘어가며 원고에 집중하고 있던 어느 날, 한 통의 전화를 받았다. 한 기독교 방송국에서 명함을 주고받았던 C회사 대표의 전화였다. 나에게 '데마'라는 이름으로 기억된 그 대표의 첫 마디는 이러했다.

"최 선생님, 안녕하세요! 저 기억하시죠? 법무부에서 챗봇 서비스를 내년에 오픈하는데 우리 회사가 법무부 수주를 받았어요. 시간이 되신다면 저희와 같이 이번 프로젝트를 진행해 보시면 어떨까요? 법무부 만화가 3차 계획까지 잡혀 있는데요, 이번 1차 때는 원고료를 많이 못 드리지만 2차, 3차 때는 많이 챙겨 드리겠습니다."

"어떤 내용으로 그림을 그려야 하는데요?"

"고용노동법을 만화로 풀어서 그려 주시면 됩니다."

3차까지 잡혀 있는 프로젝트라 구미가 당기는 제안이었다. 장시간 모니터 화면에 노출되어 구토 증상이 심해지면서 채색 작업을 외주 주고 싶은 마음이 간절했던 시기였다. 광야 같은 우리 가정에 은혜의 단비를 부어 주시는 상황이라 여기며 선뜻 제안을 수락했다.

'이 법무부 만화를 그려 주고 받은 원고료로 『천로역정』의 채색료를 주면 되겠구나.'

『천로역정』의 모든 작업을 중단하고 법무부 고용노동법에 관련된 만화를 그리기로 한 날, C회사 대표와 첫 미팅을 가졌다. 대표가 만화의 생리를 잘 모르기에 작업 공정을 일일이 설명하면서 진행해야 했다.

5개월 반 동안 웹툰 50편을 짧은 시간 안에 마감해야 했기에 스토리 작가를 구하고 팀을 구성해서 일해야 했다. 우선 받은 착수금으로 후배 3명에게 원고료를 주고, 얼마 남지 않은 돈으로 일을 시작했다. 회사의 사활이 걸린 일이라며 진행을 서둘러 달라는 대표의 간곡한 부탁에 본의 아니게 내가 스토리와 만화를 모두 총괄하게 되었다. 5개월 넘게 새벽 3시 이전에 누운 적이 없을 정도로 바쁘게 일을 진행했다.

그런데 일을 진행함과 동시에 석연치 않은 일이 생겼다. 모든 일을 시작할 때 계약서를 쓰는 것은 기본이다. 그런데 그 대표는 수요예배 참석 때문에, 찬양대 연습 때문에 시간이 안 된다며, 혹은 다른 미팅이 잡혀서 만나기 어렵다며 계약서 쓰는 것을 차일피일 미루었다.

'예수님 믿는 사람이 한 입으로 두말하겠어?'

나는 급한 마음에 이것저것 따질 새 없이 일을 진행했다.

그 후에도 여러 번 계약서에 대해 이야기했지만, 정작 계약서는 써주지 않고 원고만 빨리 달라고 하는 이상한 상황이 반복되었다. 결국 계약서를 쓰지 않은 채 착수금 천만 원으로 후배들에게 원고료를 줘 가며 약속한 날짜에 모든 원고를 마무리 지었다. 원고를 넘겨주면 모든 일이 순조롭게 되리라고 생각했다.

그러나 이 모든 프로젝트가 끝났음에도 대표는 잔금 천만 원을 줄 생각을 안 하고 있었다. 전화하면 일주일 뒤에, 한 달 뒤에 주겠다는 식으로 번복하기 일쑤였고, 차후에는 자기가 언제 2천만 원을 주기로 했냐며 말을 바꾸었다. 심지어는 나의 전화조차 받지 않았다. 눈에서 뜨거운 불이 튀어나오는 것만 같았다. 계약서를 쓰지 못한 찜찜함이 이제야 현실로 체감되기 시작했다.

'예수님 믿는 사람이 어떻게 이렇게 말을 바꾼단 말인가!'

가슴에서 분노가 치밀어 오르고 억울한 마음뿐이었다. 한국예술인협회의 변호사와 온라인 국민 참여 포털 '국민신문고'에 도움을 요청했으나 방법은 없었다. 홀로 끙끙 앓고 있는 나를 보며 아내는 참다못해 함께 경찰서에 가자고 했다. 나머지 잔금을 받기 위해 경찰서에 신고도 해보았지만, 사기 성립이 안 된다고 했다. 계약서 사인도 없을 뿐 아니라, 착수금으로 이미 천만 원을 받았으니 사기 성립이 안 된다는 것이었다. 그리고 경찰서에서 충격적인 사실을 알게 되었다. C회사 대표는 이미 다른 사람으로부터 같은 문제로 고발당한 상태라는 것이었다.

"형사재판으로는 어렵습니다. 민사로 하세요."

형사의 말에 우리 부부는 상한 마음을 안고 쓸쓸히 집으로 돌아왔다.

"포기하자. 포기하면 어때? 여보, 민사로 가려면 시간도 걸리고, 그러다 보면 『천로역정』은 더 늦어질 거야. 당신이 힘들어하는 모습을 보는 것도 힘들고…."

아내의 말에는 원망도 섞여 있었다. 충분히 해결할 수 있다고 생각했는데 사태는 걷잡을 수 없이 미궁 속으로 빠져들어만 갔다. 분노하며 억울해한들 문제가 해결되지는 않았다. 나는 분노를 쏟아 내는 대상을 바꾸어 나를 속인 대표를 매일 밤 하나님 아버지께 기도로 일러바쳤다.

"하나님, 보셨죠? 그 가짜 예수쟁이가 말을 자꾸 바꾸고 거짓말하는 걸 분명히 보신 거죠? 너무나 억울합니다."

그렇게 반년의 시간이 흘렀다. 받지 못한 잔금은 물 건너간 일이 되어 버렸다. 간절히 기도했건만 어떠한 일도 일어나지 않았다. 하나님이 일하시리라는 막연한 기대가 있었으나, 현실은 제자리걸음이었다. 기도하지 않고 얄팍한 내 생각대로 내린 결정이 나에게 어떤 결과로 돌아왔는지 뼈저리게 경험하는 시간이었다.

잔금을 받겠다는 마음마저 차츰 내려놓게 되는 시점이었다. 나는 골방에 들어가 『천로역정』을 다시 읽어 나갔다. 한 장을 채 넘기기도 전에 눈시울이 붉어지며 눈물방울이 연이어 책 위에 떨어졌다.

『천로역정』의 크리스천과 소망은 재물이라는 언덕에 있는 은광을 지날 때 데마라는 사람을 만나게 된다. 데마는 순례자들을 유혹해 순례의 길에서 이탈하게 하고, 심지어는 죽음으로 인도하는 사람이었다. 은광에서 돈을 쉽게 벌 수 있다고 유혹하지만, 사실 그 은광은 독가스가 가득하고 앞이 보이지 않아 순례자들이 벼랑에 떨어져 죽게 되는 곳이었다.

그렇게 『천로역정』을 다독해도 소설 속 이야기로만 받아들여졌던 일이 내게 현실로 일어난 것이었다. 법무부 만화를 그리면 필요한 물질이 채워지고 안락이 주어지리라 생각했다. 결국, 내가 은광에 들어가 가스를 마시고 앞이 보이지 않아 벼랑에 떨어져 죽은 자의 모습이었다. 뜨거운 회개의 눈물이 수도꼭지처럼 터져 나왔다.

"하나님, 죄송해요. 제 인생에서 데마를 만난 것 같아요. 그런데 제 안에 세상을 사랑하는 데마의 모습이 있다는 걸 깨달았습니다. 아버지, 죄송해요."

기도하고 나니 마음이 홀가분해졌다.

다음 날, 이메일을 열어 보니 한국만화가협회로부터 한 통의 메일이 와 있었다. 내용인즉슨, 현재 어려움에 처해 법률 자문이 필요한 작가들은 한국만화가협회로 문의해 도움을 요청하라는 안내 메일이었다. 메일 내용을 확인하는 순간, 하나님의 인도하심이라는 생각이 들었다. 한국만화가협회에 전화했더니, 피해 입은 일을 글로 작성해서 보내라고 했다. 그 즉시 내가 당한 일을 상세히 적어 메일로 보냈다.

다음 날, 한국만화가협회에서 전화가 왔다. 정말로 고용노동법에 관련된 만화를 그려 주고 잔금을 못 받았냐는 확인 전화였다. 그동안 있었던 일을 말하자 사무장도 잔뜩 화가 난 듯했다.

그렇게 또 하루가 지나고 이번에는 서울시 공정경제과에서 전화가 왔다. 한국만화가협회에서 그곳에 신고 전화를 해준 것이었다.

"최철규 작가님이시죠?"

"네, 그런데요."

"여기는 서울시 공정경제과입니다. 정말로 고용노동법에 관련된 만화를 그려 주고 잔금을 받지 못하셨나요?"

"네, 받지 못했습니다."

전화를 건 공무원은 계속해서 말을 이어 갔다.

"최 작가님의 일이 현재 고용노동법과 관련해 가장 적합한 상황 같습니다. 작가님의 사연을 뉴스에 내보내고 싶은데 어떠세요?"

"네, 좋습니다."

얼떨결에 대답해 버렸다.

이리하여 각 방송국 기자들이 우리 집으로 몰려와 나를 취재하고 갔다. 그날 저녁 7시, 9시 TV 뉴스에 나의 인터뷰 내용이 나왔다(물론 얼굴

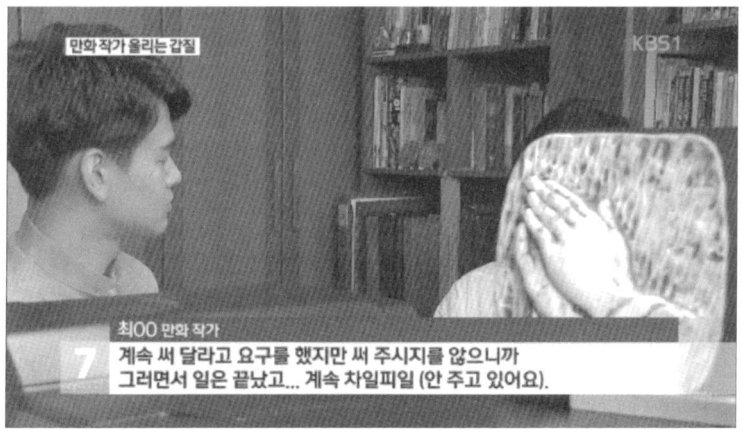

(출처 : KBS 뉴스 7)

은 가렸다). 그러자 법무부 만화 프로젝트에 관련된 모든 업체가 반응하기 시작했다.

그렇게 전화해도 받지 않던 C회사 대표의 부하 직원에게서 다음 날 전화가 왔다. 잔금 천만 원은 다 쓰고 한국예술인복지재단에서 600만 원에 중재해 주었다며 합의를 해달라는 것이었다. 결국 그 액수로 합의를 봤다. 추후에 안 사실이지만 한국예술인복지재단에서는 800만 원에 중재를 해주었다고 한다.

법무부 담당자는 이 뉴스를 보고 법무부에서는 분명히 잔금을 다 치렀는데 어떻게 이런 일이 생긴 거냐며 관련자들을 불렀다고 한다. 이번 프로젝트는 법무부가 B회사에 하청을 주고, B회사는 C회사에 하청을 주었는데, 문제의 C회사 대표가 중간에서 나에게 원고료를 주지 않았던 것이다. 이 일은 이렇게 종지부를 찍었다.

거의 1년 동안의 혹독한 경험을 통해 내 안에 꼭꼭 숨어 있던 데마를 세상 밖으로 보내는 시간을 가졌다.

크리스천이 데마에게 묻는다.
"도대체 우리가 가던 길을 바꿔 가 볼 만큼 구경할 게 뭐가 있습니까?"
데마는 대답한다.
"이곳에는 은광이 있어서 돈을 벌기 위해 땅을 파는 사람들이 있습니다. 힘들이지 않고 조금만 일하면 곧 부자가 될 거요."
돈의 힘이 큰 세상에서 돈의 가치를 아주 짧은 대화로 부각시킨다.

천성을 향해 걸어간다고 하지만, 우리는 이 땅이 요구하는 가치를 양손에 움켜쥔 채 그 길을 걸어간다. 현실과 맞닿아 있는 것이라 쉽사리 뿌리치지 못한다. 한몫 챙겨 편하게 가고 싶지 않은 사람이 어디 있을까. 한몫을 잡기 위해 세상에서 서성대는 사람의 발목을 덥석 잡아 묶어 버리는 것이 세상살이다.

하나님은 내 마음이 둘로 나뉘는 것을 허락하지 않으셨다. 나로 하여금 하나님께만 마음을 드리는 자로 서게 하시려 했다. 사망이 문턱에 서 있는 줄도 모른 채, 칠흑 속에 숨겨진 은광을 얻기 위해 손을 뻗는 연약한 인생일지라도, 나를 향한 하나님의 지극한 사랑이 햇살이 되어 생명으로 이끌어 갔다.

> 내 눈을 돌이켜 허탄한 것을 보지 말게 하시고 주의 길에서 나를 살아나게 하소서(시 119:37).

크리스천은 계속해서 가던 길을 가기로 마음먹었다. 마귀들이 점점 더 가까이 다가와 바로 자기 옆까지 왔다고 생각되면 그는 목이 터져라 소리를 질렀다. "나는 주 하나님의 능력으로 걸어가리라." 그러면 마귀들은 뒤로 물러가 더 가까이 다가오지 않았다.

한 가지 빠뜨릴 수 없는 이야기가 있다. 이제 선한 크리스천이 심히 혼란에 빠져 자신의 목소리를 분간할 수 없게 되었다는 사실을 나는 알아차렸다. 마침 크리스천이 불길이 타오르고 있는 구덩이의 입구 가까이 이르자 이때 악한 무리 중 하나가 뒤에서 크리스천에게 살그머니 다가가 하나님을 마구 욕하며 그의 귀에 속삭였다.

22

진심으로 알게 되면 피 흘리기까지 싸운다
사망의 음침한 골짜기 (2)

20년 전 어느 봄날, 나는 따스한 햇살을 받으며 화실 창가에 서 있었다. 창가 너머로 반백에 남루한 옷을 입은 한 어르신이 힘겹게 리어카를 끌고 계셨다. 체구가 아주 작은 분이셨다. 온갖 박스와 짐들이 어르신 뒤에 큰 성을 이루고 있었다.

리어카가 신축 공사장 옆을 지나고 있는데, 바퀴가 돌부리에 걸렸는지 앞으로 가지 못하고 있었다. 그 작은 돌을 넘기 위해 어르신은 몸을 구부려 온 힘을 다하고 계셨다. 그때 마침 공사장에서 인부 두 명이 나와 어르신의 리어카를 밀어 드렸다. 그러자 어르신은 단번에 돌부리를 넘으실 수 있었다.

"왜 울고 있습니까?"

무거운 죄의 짐으로 고민하던 크리스천에게 전도자가 처음 던진 말이다. 소소한 일상부터 말하기 부끄러운 일까지, 모든 일을 서슴없이 말할 수 있는 사람을 만난다는 것은 최고의 선물이다. 나의 인생에도 힘들 때마다 달려가고 싶은 전도자와 같은 분이 계시다. 자주 찾아뵙지는 못하지만, 생각만 해도 미소 짓게 하시는 분이다. 인생의 갈림길에 서 있을 때 조언을 아끼지 않으시며 단호하게 선택할 수 있는 용기를 주신 분, 참 스승과도 같은 어느 목사님의 이야기를 하고자 한다.

어느 월요일, 아내가 쉬는 날이었다. 우리 가족은 오랜만에 그 목사님을 찾아갔다. 나는 목사님을 만나자마자 어린아이처럼 하소연하기 시작했다. 『천로역정』을 작업하는 동안 가장이라는 이름 아래 가족 앞에서 푸념 한 번 늘어놓지 못했기 때문이다.

"목사님, 왜 하필 그림 그리는 손을 다치게 하신 걸까요? 제 만화 인생에서 손을 다쳐 본 적은 없는데…. 이 작업을 시작하면서부터 크고 작은 사고가 계속해서 일어났어요. 검지 인대가 파열되고 새끼손가락이 변형되지 않나, 왼손마저 찢어져 꿰매지 않나…. 그것도 모자라 예수님을 믿는다는 사람에게 사기까지 당해 그림 그리는 시간을 다 뺏기고 돌고 돌아서 다시 제자리로 왔어요. 이제 마지막 권만 그리면 되는데…."

"집사님, 아직도 그 이유를 모르겠어?"

"네, 잘 모르겠어요. 하나님이 왜 이렇게 하시는지…."

사실 신앙적인 대답을 할 수 있었겠지만, 나는 "모르겠다"는 말로 일관했다. 그 순간에는 그 어떤 말로도 나 자신을 억지로 위로하고 싶지 않았기 때문이다. 그랬더니 목사님은 아주 단순한 이야기로 대화를 이끌어 가셨다.

"허허, 잘 들어 봐. 지금 그리는 이 책이 출간되면 하나님이 기뻐하시겠어, 마귀들이 좋아하겠어?"

"그야 하나님이 기뻐하시겠죠."

"그러니까 마귀들 입장에서 보면 이 책은 반드시 막아야 하는 책이 아니겠어? 그 어둠의 권세들이 집사님을 가만히 놔두겠냐고…."

단순한 조언이 나의 복잡한 생각을 멈추게 했다.

"이 책을 읽으면 하나님께로 돌아오는 순례자가 많아질 텐데 악한 마귀들이 가만히 있겠냐고! 벌써 이걸 막으라는 임무가 떨어져서 그들이 엄청나게 달려들겠지."

"정말 그럴까요?"

"집사님, 귀신이 있어, 없어?"

"있어요."

"눈에 보이는 이 세계가 전부가 아닌 거 알지? 영적 존재는 분명히 있어. 그래서 우리는 영적 전쟁을 해야 하는 거야. 이제 집사님이 해야 할 일은 더 많이 기도하고, 말씀 보면서 작업하는 거야. 무슨 일이든 마무리가 중요해. 그러니 하나님께 능력을 달라고 기도해. 내 힘으로 할 수 없으니 말이야."

"네, 목사님."

"최 집사님은 지금 자신이 하는 일이 얼마나 중요한 일인지 모르고 있는 것 같아."

"네, 목사님, 명심하겠습니다."

수 세기 동안 우리가 쉬지 않고 공작해 온 덕분에, 이제 사람들은 눈앞에 펼쳐지는 친숙한 일상에 눈이 팔려, 생소하기만 한 미지의 존재는 믿지 못하게 되어 버렸다. 그러니 사물의 일상성을 환자(사람)한테 주입해야 한다.

C. S. 루이스(C. S. Lewis)의 『스크루테이프의 편지』에 나오는 내용이다. 고참 악마 스크루테이프가 조카이자 신참 악마인 웜우드에게 조언하는 장면이다. 마치 내 마음을 훔쳐보는 듯 인간의 내면세계를 통찰력 있게 다루어 감탄을 자아내는 글이다.

아침에 눈만 떠도 어제와 다른 뉴스들이 인터넷을 도배하고, 감각적이고 직관적인 것들이 우리의 눈과 마음을 사로잡는 세상이다. 보이지 않는 영적 세계는 깊이 고민할 시간도 없이 바쁘다. 숨겨진 고민이 의식의 표면으로 떠오르려 하면 가차 없이 바쁜 일상이 낚아채 버린다. 아득한 인생 뒤편에서 어둠이 고래고래 소리 지른다.

"영에 관한 이야기는 모두 허상일 뿐이야. 지금 사는 이 세상이 현실이야. 눈에 보이는 것만이 진짜라고…."

언뜻 들으면 목사님의 말씀은 여러 가지 어려움을 겪고 있는 내게 현실감 없는 조언 같았다. 그러나 그 조언은 영적 청각을 상실한 나에게 아버지의 뜻을 분별하는 힘이었고, 『천로역정』 작업을 끝까지 완주할 수 있도록 한여름의 시원한 냉수가 되어 주었다.

모든 것 위에 믿음의 방패를 가지고 이로써 능히 악한 자의 모든 불화살을 소멸하고(엡 6:16).

다음 날 크리스천은 식구들을 따라 병기 창고로 갔다. 거기에는 순례자들을 무장시키기 위해 주인이 마련해 둔 병기들, 곧 칼이며 방패, 투구, 흉배, 온갖 기도문과 해지지 않은 신발들과 같은 온갖 장비들이 준비되어 있었다. 그 병기들은 하늘의 별같이 수많은 주인의 종들을 무장시키고도 남을 만큼 많이 준비되어 있었다.

23

상처를 치유하는 가정예배
병기 창고

오포에서 용인으로 이사 오고 나서 있었던 일이다. 그날도 저녁을 먹고 우리 가족은 식탁에 둘러앉아 가정예배를 드렸다. 우리 집 가정예배에서는 각자의 기도 제목을 솔직하게 내놓는 시간을 갖는다. 가정예배와 기도는 우리 집의 병기 창고였다.

"아빠는 『천로역정』 3권을 잘 마치기를 기도해 줘."

"엄마는 용인으로 이사 와서 한결 좋아. 교회가 가까우니까. 바쁜 일상이지만 유치부 아이들에게 복음을 잘 전하도록 기도해 줘."

"의인이 기도 제목은 뭐야?"

의인이는 내 물음에 바로 대답하지 않았다. 조금은 의기소침해 보였지만, 전학 와서 아이들과 친해지는 적응 기간이라 그럴 수 있겠다고 생각했다.

『천로역정』 작업을 시작하기 위해 오포로 이사 갔을 때, 당시 6살이었던 의인이는 한동안 서울에 있는 교회 친구들과 어린이집 친구들을 많이 그리워했다. 아내에게 지금 다니는 교회를 그만두고 다시 이전 교회에서 전도사 하면 안 되냐고 물으며 몇 번 운 적도 있었다. 이번에도 그런 시간이라 생각했다. 이제 초등학교 3학년이 되었으니 조금 다독여 주면 괜찮아지리라고 생각했다.

"엄마, 아빠, 나는 학교생활을 잘했으면 좋겠어요."

가정예배 때마다 내는 기도 제목이라 대수롭지 않게 생각하고 함께 기도하며 가정예배를 마쳤다. 나는 그림을 그리기 위해 내 방으로 들어갔고, 의인이는 엄마를 붙들고 더 길게 이야기하기 시작했다. 아내와 의인이가 나눈 이야기는 이러했다.

"엄마, 저 할 말이 있어요."

"어, 그래, 말해 봐.

"엄마, 사실은 어떤 애가 나를 왕따시키는 것 같아…."

애써 눈물을 참으며 이야기하는 의인이의 눈엔 눈물이 가득 고여 있었다.

"정말? 네가 고집 피워서 그러는 건 아니고?"

"(고개를 숙이며) 아니야. 그 애는 나한테 거친 말도 했어. 어떤 친구랑 놀려고 하면 그 친구와 놀지 못하도록 내 손을 잡아당기고 눈을 흘겼어. 그리고 내 어깨를 툭 치며 지나갔어."

"그랬구나. 그래도 우리는 예수님 믿는 사람이니까 용서해 주자."

그 말에 의인이는 눈물을 뚝뚝 흘렸다.

"엄마, 나 벌써 세 번이나 꾹 참았어. 하나님이 용서하라고 하시니까 참은 거야."

그러고는 가방 속에 꼭꼭 숨겨 놓았던 편지 두 장을 보여 주었다. 친한 친구를 빼앗겨 울분에 가득 찬 아이가 쓴 편지였는데, 내용이 꽤 자세했다. "나는 네가 없어졌으면 좋겠어."라는 말까지 쓰여 있었다.

아내는 손을 바들바들 떨며 터져 나오는 울분을 참았다. 내 자녀에게 이런 일이 일어나리라고는 상상도 못했다.

"너, 이 편지 언제 받았어?"

"지난주에 받았어요."

"왜 엄마한테 말 안 했어? 말하면 도와줄 텐데."

"나 혼자 해결해 보려고 엄마한테 말 안 했어요."

아내는 의인이와 더 이야기해 보았지만, 별 뾰족한 해결책을 찾지 못했다.

"아빠한테 이야기해도 될까? 아빠는 이 일을 어떻게 생각하는지 한번 여쭤 보자. 아빠의 방법은 어떨지 물어보는 것도 좋을 것 같아."

아내는 내 방으로 들어와 상기된 얼굴로 의인이에게 일어났던 일을 모두 말해 주었다. 하지만 유독 의인이를 챙기는 내가 마음 상할까 봐 편지는 보여 주지 않았다.

나는 의인이를 괴롭히는 아이 생각에 화가 머리끝까지 치밀어 올랐지만, 꾹 참고 의인이에게 조언을 해주었다. 물론 우리 아이도 실수했을 수 있다. 하지만 그때만큼은 딸 편을 들어 주어야겠다고 생각했다.

"아빠는 엄마처럼 참고 기도하라는 말은 안 할 거야. 아빠 눈을 잘 봐. 우리가 두려워해야 할 대상은 사람이 아니야. 사람을 두려워하지 마. 세 번이나 참았다고 하니, 이제는 참지 말고 네 마음을 정확하게 이야기해. 내일 그 친구를 만나면 눈을 똑바로 쳐다보면서 말하는 거야. 그 아이에게 바른말을 하다가 한 대 맞지는 않을까 겁내지 마. 여러 대를 맞더라도 사람은 비굴하면 안 돼. 나중에 싸움으로 간다고 해도 맞는 게 두려워 위축된다면, 더 커서 사회생활을 할 때도 비굴해질 수 있어. 그러니 언제 어디서나 당당해야 해."

나는 의인이에게 단단히 정신 무장을 시키고 해야 할 말까지 따라서 하게 했다.

"여보, 이렇게 말해도 되는 거야?"

"괜찮아. 그 아이한테도 변화하는 좋은 기회가 될 거야."

그때까지도 얼굴에 불안감이 가시지 않았던 의인이에게 나는 초등학생 시절 내 이야기를 들려주었다.

"아빠 어렸을 때 이야기야. 어느 날 학교 선생님이 부모님을 모시고 오라고 하셨는데, 아픈 엄마 대신 할머니가 오신 적이 있어. 아빠 학교에는 친구들을 괜히 괴롭히는 아이가 있었어. 그 아이는 나보다 덩치가 컸어. 나도 그 아이에게 이유 없이 많이 맞았지. 할머니가 학교에 왔을 때, 엄마가 많이 아프다고 말씀하시는 것을 그 덩치 큰 아이가 들었어. 그런데 학교 끝나고 집으로 가는데, 그 아이가 미끄럼틀 위에서 나에게

침을 뱉는 거야. '너희 엄마 아프다며. 그래서 너희 할머니가 왔다며.' 이렇게 놀렸지. 그 아이에게 맞선다는 것은 무척 두려운 일이었어.

그런데 평상시에는 말대꾸 한 번 못하던 내가 할머니와 엄마를 놀려대는 소리를 듣자, 어디에서 그런 용기가 났는지 그 아이와 맞짱을 떴어. 미끄럼틀 위로 순식간에 올라가 그 아이의 얼굴을 머리로 들이받아 버렸지. 그 아이는 코피가 났어. 남자들 싸움에서는 상대방의 코피를 먼저 터뜨리는 사람이 승자였어. 그날 이후로 그 아이는 나를 더는 괴롭히지 않았어. 만약 그 아이를 계속 피했다면, 그와 같은 일이 생길 때마다 용기를 내지 못했을 거야. 용기를 갖고 어려움을 대면하는 건 나쁜 행동이 아니야. 그러니 용기를 내 보자."

아빠의 어린 시절 이야기를 듣던 의인이는 한껏 자신감에 부풀어 올랐다. 아내와 나는 의인이의 마음을 붙들어 달라고 하나님께 간절히 기도한 후 그날의 긴 가정예배를 끝맺었다.

다음 날 아침, 나는 의인이에게 다시 한 번 용기를 불어넣어 주었다. 현관문을 열고 나가는 아이의 뒷모습이 안쓰러웠는지, 아내는 방으로 들어가 울면서 기도하기 시작했다. 한참을 기도하더니 아내는 나에게 이렇게 말했다.

"여보, 우리 딸 잘하고 있을까? 나 못 참겠어. 내가 학교에 가서 그 아이를 만나야겠어. 편지 내용이 계속 생각나서 더는 못 참겠어. 선생님도 만나야겠어. 눈빛 한 번으로 그 아이 기를 꺾을 수 있을 것 같아.

내가 해결할 수 있는데 왜 꼭 참고 기다려야 해? 너무 힘들어."

"여보, 의인이 스스로 하도록 기다려 보자. 나라고 학교에 달려가서 내가 해결하고 싶은 마음이 없겠어? 그런데 우리는 부모니까 우리 아이를 믿어 보는 거야. 내가 믿지 못하면 누가 우리 아이를 믿어 주겠어."

나는 그때 확실히 알았다. 부모로서 자녀를 믿고 기다려 주는 게 얼마나 가슴 졸이는 일인지.

'내가 자랄 때까지 하늘 아버지께서도 오랜 시간 인내하셨을 텐데…. 속이 많이 타셨겠구나. 그 오랜 기다림이 오늘의 나를 만들었구나.'

한 아이의 아버지로서 하나님 아버지의 마음을 조금이나마 헤아리게 된 시간이었다.

삑삑, 의인이가 현관문 번호를 누르고 집에 들어왔다. 아무렇지도 않은 듯 나는 의인이에게 물었다.

"오늘 어땠어? 잘했어?"

"아니, 내가 그 아이한테 수업 끝나고 운동장에서 만나자고 했는데 그 아이가 안 왔어요. 그래서 그냥 왔어요. 내일 한 번 더 말해 보려고 해요, 아빠."

용기 있는 행동에 칭찬을 아끼지 않았다.

그다음 날이 되었다. 의인이는 운동장에서 그 아이를 또 기다렸다. 아무리 기다려도 오지 않자, 의인이는 다시 교실로 들어갔다. 그런데 이게 웬일인가. 그 아이가 글쎄 잔뜩 겁에 질려 선생님 앞에서 엉엉 울고 있더란다. 따로 만나자고 해서 무서웠다는 것이다. 그다음 일은 독자의 상상에 맡기겠다.

  다 크면서 겪는 일인데 왜 그때는 그 문제가 그렇게 거대한 산처럼 보였는지 모르겠다. 가정예배와 기도가 없었더라면 우리 가정은 돛대 꺾인 배처럼 이리저리 흔들리며 서로를 탓했을지도 모른다. 지금도 우리 집에서는 하나님이 주인이신 가정예배가 계속 진행 중이다.

> 마땅히 행할 길을 아이에게 가르치라 그리하면 늙어도 그것을 떠나지 아니하리라(잠 22:6).

> 네 자녀에게 부지런히 가르치며 집에 앉았을 때에든지 길을 갈 때에든지 누워 있을 때에든지 일어날 때에든지 이 말씀을 강론할 것이며(신 6:7).

이때쯤, 나는 꿈속에서 두 순례자가 미혹의 땅을 지나 뿔라의 땅(the Country of Beulah)으로 들어가고 있는 것을 보았다(사 62:4-12; 아 2:10-12). 그 땅에는 아주 달콤하고 부드러운 바람이 불었다. 가야 할 길이 그 땅을 곧장 지나고 있어서, 거기서 두 사람은 얼마 동안 위안을 얻었다. 정말로 이 두 사람은 그곳에서 끊임없이 지저귀는 새소리를 들었으며 매일매일 땅에서 꽃이 피는 것을 보았으며 바다거북의 소리를 들었던 것이다!

24

고난의 언덕은 거칠고 차갑다
뿔라의 땅

모든 여행에는 끝이 있다. 그래서 여행이다. 어둠이 깃든 긴 터널의 끝자락에서 가느다랗게 흘러들어 오는 빛줄기가 터널의 끝을 알려 주었다. 그래서 지나왔다. 첫째 날에 만드신 그 빛은 나의 길에 길이 되어 주었다.

온몸으로 그린 그림이 막을 내렸다. 질끈 묶은 긴 머리와 양 어깨에 하얗게 얹혀 있는 비듬, 하얀 입술을 뚫고 나오는 단내도 이제 끝이다. 마지막 페이지의 마지막 선을 그릴 때 환호성을 질러 보리라 무수히 상상했다. 하지만 환호성은 구석진 방 한편으로 부끄럽게 사라지고 서러움의 눈물만 흘러내렸다.

'결국 완주했구나….'

사명이 나를 여기까지 이끌었다.

> 네 하나님 여호와께서 이 사십 년 동안에 네게 광야 길을 걷게 하신 것을 기억하라 이는 너를 낮추시며 너를 시험하사 네 마음이 어떠한지 그 명령을 지키는지 지키지 않는지 알려 하심이라(신 8:2).

가장이라는 무거운 짐을 지고 수많은 가시밭길을 걸으며 하나님이 이끄시는 대로 여기까지 왔다.

"아버지, 이곳까지 올 수 있게 해주셔서 감사합니다."

감사와 찬양의 기도가 절로 나왔다.

원고를 마쳤지만 우리 가정의 일상은 특별히 달라진 게 없었다. 『천로역정』의 마중물이었던 전세 자금을 다 쓰고 수중에 남은 돈이 얼마 되지 않았다. 형제들에게 진 빚을 갚고 나면 더 적어질 것이었다. 작업이 끝나면 마냥 마음이 편할 줄 알았는데 그게 아니었다.

'작업물이 편집되어 세상에 책으로 나오려면 시간이 꽤 걸릴 텐데 이제 나는 어떤 일을 시작해야 할까?'

끝남과 동시에 넘어야 할 산이 또 기다리고 있었다. 매달 말일이면 월세도 내야 하고, 살림이 또 빠듯해질 터였다.

원고를 마감하기 반년 전부터 가슴에 통증이 오기 시작했지만 여러 번 참았다. 그래서 원고를 마치자마자 병원에 들러 검진을 받았다. 의사의 소견은 간이 부었다는 것이었다. 마지막 원고를 작업하는 동안에는 하루에 5시간을 채 자지 못했다. 피로를 풀지 못하고 의자에 기대어 쪽잠을 청하기 일쑤였다. 그게 화근이었을지도 모르겠다.

나는 몸도, 마음도 모두 지쳐 있었다. 아내 또한 정신적, 육체적으로 힘든 상태였고, 잦은 전학으로 의인이도 지쳐 있었다. 『천로역정』을 작업하면서 참 많은 일이 있었다. 네 번의 이사, 오른손 검지 인대 파열, 새끼손가락 변형…. 우리를 힘들게 했던 수많은 일이 주마등처럼 스쳐 갔다.

검진을 받은 그날 저녁, 아내에게 조심스럽게 말했다.

"여보, 이곳의 모든 생활을 정리하고 시골로 내려가 작은 교회를 섬기면서 살고 싶어. 텃밭도 가꾸고 말이야. 귀농하면 농가 주택을 수리해 임대해 주는 프로그램이 있대."

아내는 눈물을 훔치며 내 의견을 수락해 주었다. 나는 아내를 안아 주며 말을 이어 갔다.

"여보, 하나님이 만들라고 하셔서 끝까지 다 만들었어. 이제 시골에 내려가 농사를 지어도 좋고, 택시 운전을 해도 좋아. 내 평생에 꼭 하고 싶었던 일을 했기에 후회는 없어. 이제부터 당신하고 의인이에게 더 잘해 줄게."

나 또한 눈물이 흘러내렸다.

"하나님께 순종했더니, 이 땅에서 나를 거지로 만들고…, 초라하게 만들어도 괜찮아. 또 사람들에게 광신도라는 소리를 들어도 괜찮아. 이 길이 하나님의 뜻이라면 나는 다 괜찮아."

내 마음은 오직 하나님으로 가득했다.

"여보, 지금까지 하나님 은혜로 여기까지 왔는데 하나님을 원망하거

나 불평하지 말자. 이제 다 왔잖아. 이 땅에서 다 받으려고 하지 말고, 우리의 수고를 아시는 아버지 나라에서 위안을 받자. 내가 내일 귀농 지원받는 것을 알아볼게."

 마감한 원고가 세 권의 책으로 나오기까지는 몇 달의 시간이 필요했다. 수정해야 할 그림도 꽤 많았다.

 가정에 큰 변화를 계획하고 있을 무렵, 한 선교 단체의 목사님이 내게 연락을 해오셨다. 2017년 CTS 기독교 웹툰 공모전에서 최우수 작품상을 받았던 '작은 나의 고백'을 책으로 출간하자는 것이었다. 그 웹툰은 나의 간증이 담긴 단편 만화였다. 죽음이라는 큰 장벽 앞에서 내세에 대한 고민을 하던 그 시간, 하나님이 극적으로 병에서 구원해 주신 그 은혜를 기록했다. 목사님은 이 만화를 전도용 소책자로 만들자고

제안하셨다. 모든 사람에게 다 보라고 공개해 놓은 작품을 굳이 책으로까지 만들 필요가 있을까 생각했다.

"요즘 한국 교회에서 전도 용품으로 화장지를 많이 나누어 주는데, 이 화장지가 내세에 대한 고민을 얼마나 불러일으키겠어요?"

목사님의 말씀을 듣고 나니 더 이상 고민할 필요가 없는 것 같았다.

이렇게 나의 간증 단편 만화는 편집을 거쳐 전도용 만화책 『작은 나의 고백』으로 거듭났다. 전도할 때 활용할 수 있는 내용과 영접 기도문까지 구성하여 책으로 만들어졌다. 만들어진 지 10년이 훌쩍 넘은 원고라 부족한 점이 많았다. 사실 책으로 묶는다는 것이 부끄러웠고, 큰 기대는 없었다. 다만 이 책이 내세에 대한 도전만이라도 줄 수 있으면 좋겠다고 기도했다.

책이 출간되고 나서 기대하지 못했던 일들이 일어나기 시작했다. 출간 20여 일 만에 3천 부가 판매되었고, 급히 2쇄 인쇄에 들어갈 정도로 크게 쓰임 받게 되었다. 정말 놀라운 일은 책이 출간되면서 다달이 판매된 수익금이 통장에 들어오기 시작했다는 것이다.

나는 아내에게 말했다.

"여보, 하나님이 우리가 지방으로 내려가는 것을 원하지 않으시나 봐. 우리, 여기서 조금만 더 버텨 보자."

『작은 나의 고백』은 우리 가족이 지방으로 내려가지 않도록 든든한 버팀목이 되어 주었다. 물질이 있건 없건 우리 가족이 하나님의 은혜 안에서 살아가고 있다는 것에 그저 감사했다. 지금은 그 소책자가 몽골

어와 일본어로 번역되어 다른 나라에서도 전도용 만화책으로 쓰임 받고 있다. 정말 놀라울 따름이다.

나는 마치 뿔라의 땅에 도착한 듯 많은 기쁨을 누렸다. 6년간의 긴 터널을 통과하는 동안 하나님은 연약하디 연약한 나를 단단하게 다듬어 가셨다. 하나님의 풍성한 사랑 안에서 하나님의 선하심을 즐길 수 있는 사람으로 빚어 가셨다.

수많은 어려움이 우는 사자처럼 달려들었지만, 어느새 삶이 훈련되었고, 입술이 훈련되었고, 눈빛이 훈련되었고, 가슴이 훈련되었다. 아직도 많이 훈련되어야 하지만, 내 안에 기쁨이 가득했다. 이 작은 변화가 삶의 활력소가 되어 그분의 사랑에 감격하게 했다.

"나 같은 자가 어찌 그분의 손에 다듬어졌노."

천성은 나의 마음에 별이 되었다. 뿔라의 땅에 불던 달콤하고 부드러운 바람이 내 안에 불었다. 순례 길을 계속 나아가야 할 나에게 새 힘을 주는 바람이었다. 부유하건 가난하건 상관없다. 기쁨의 주인이신 하나님만 계시면 된다. 그래서 오늘도 그 길을 묵묵히 걸어간다.

> 나는 비천에 처할 줄도 알고 풍부에 처할 줄도 알아 모든 일 곧 배부름과 배고픔과 풍부와 궁핍에도 처할 줄 아는 일체의 비결을 배웠노라(빌 4:12).

주께서 내 마음에 두신 기쁨은 그들의 곡식과 새 포도주가 풍성할 때보다 더하니이다(시 4:7).

나는 꿈에서 해석자가 크리스천의 손을 이끌고 어떤 작은 방으로 데리고 들어가는 것을 보았다. 그 방에는 두 아이가 각기 자기 의자에 앉아 있었다. 나이가 많은 아이의 이름은 격정(Passion)이었고 다른 아이의 이름은 인내(Patience)였다. 격정이는 무척 심통이 난 듯 보였으나 인내는 매우 침착하게 얌전히 앉아 있었다.

25

아빠와 짜장면
격정과 인내

"오늘은 『만화로 읽는 천로역정』 출간 기념으로 영화 보러 간다!"
"와, 신난다!"
　우리 가족은 영화에 대한 아무런 정보 없이 「히트맨」이라는 영화를 보러 갔다. 국정원 암살 요원이었던 주인공 '준'은 어릴 적부터 만화를 좋아했다. 영화 중간 줄거리는 준이 웹툰 작가의 삶을 선택하며 어렵사리 꿈을 위해 살아가는 내용이다.
　그런데 영화 설정이 마치 우리 가정을 스캔해서 만들어 놓은 듯 가족 구성원까지 같았다. 영화 속에서 주인공이자 아빠로 등장하는 인물은 나의 복장과 머리 스타일이 비슷했다. 아내 역으로 나온 배우의 반소매 티셔츠는 아내의 옷과 같았다. 거기에 딸로 나온 아역이 아빠를 안쓰럽게 여기는 모습까지…. 나는 영화 설정에 동요되어 갔다.

영화의 한 부분이다. 비가 오는 교문 앞에서 아빠가 딸에게 우산을 씌워 주기 위해 기다리고 있다. 딸아이는 친구와 교문을 나오지만, 아빠를 보지 못하고 친구 아빠의 차를 타고 간다. 아빠는 우산을 접은 채 비를 맞고 터벅터벅 허름한 집으로 돌아온다. 들이치는 비를 막기 위해 딸아이의 방에 가서 창문을 급히 닫는다. 선반 위에 있는 딸아이의 연습장이 비에 젖었길래 화장지로 닦다가 무심코 펼쳐 보게 된다. 그 연습장에는 이렇게 쓰여 있었다.

돈이 머니 도대체 머니
울 가족에겐 money가 왜 이리 머니
엄마는 나한테 말하지
공부만 잘하면 행복할 수 있다고 but 난 잘 알지
세상의 진리 변하지 않는 진리
아무 걱정 없이 살게 해줄 그것은 money
모든 건 돈 바로 돈 때문
돈 없음 서럽고 슬프고 아프고 괴로워….

영화를 보는 동안 객석에서는 웃음이 터졌지만, 나는 그 영화 속 주인공의 모습이 코믹으로 보이지 않고, 나의 삶을 촬영한 다큐멘터리로 보였다. 내 생애 그렇게 슬픈 영화는 처음이었다. 나는 조용히 눈물을 흘렸다. 의인이도 울고 있었다. 흐느껴 우는 나의 등을 의인이가 어루

만져 주었다. 영화관 객석은 만원이었다. 여기저기서 폭소가 터질 때마다 나는 가난으로 얼룩졌던 지난 6년의 생활이 떠올랐다.

"아빠, 짜장면 사 줄 수 있어?"
7살짜리 의인이가 물었다.
"아빠, 오늘은 안 되겠는데…."
"알았어. 짜장면 먹고 싶다…."
이 말을 하고 일주일이 지났다. 아내가 교회로 출근하기 전 현관에서 만 원짜리 1장과 천 원짜리 5장을 건네주며 의인이와 맛있는 것을 사 먹으라고 했다. 나는 의인이와 함께 집 앞 중국집에 가서 짜장면 두 그릇을 시켰다. 그러자 의인이가 기쁜 얼굴로 물었다.
"아빠, 저쪽에 있는 아저씨가 짜장면이랑 같이 먹는 게 뭐야?"
"어, 저거 탕수육이라고 해."
"아빠, 우리도 저거 시키면 안 되겠지?"
"어, 아빠가 그것까지는 안 되겠는데…. 오늘은 짜장면만 먹자."
그 나이에 눈치가 얼마나 빠른지 의인이는 말을 돌렸다.
"아빠, 여긴 에어컨이 있어서 너무 시원하다. 그치?"
"그래, 맛있게 먹고 가자."
의인이는 게 눈 감추듯이 짜장면을 먹어 치웠다. 얼마나 먹고 싶었을까. 그 모습을 보는데 울컥했다. 의인이에게 들키지 않으려 애써 웃으며 짜장면 그릇을 비웠다. 덕지덕지 의인이의 입가에 묻은 짜장 소스를 닦아 주고 함께 중국집을 나왔다. 밖은 찌는 듯한 더위로 도로에서 아지랑이가 올라오고 있었다. 집으로 돌아와 보니 한증막이 따로 없었다. 이사를 오면서 에어컨을 설치하지 않은 것을 후회했다.

'돈이 있을 때 설치할 걸….'

의인이는 욕조에서 물놀이를 한 후 식곤증으로 나른했는지 졸음이 온다고 했다. 이불을 펴고 선풍기를 틀어 주었다.

조용히 내 방에 들어와 의자에 앉았는데 굵은 눈물방울이 내 허벅지에 비 오듯 떨어졌다.

"하나님, 저 이제 완전히 거지가 됐어요. 이제 저에겐 더 이상의 허세도 없어요. 그저 아버지께서 가만히 머물게 하셔서 아무것도 못하는 사람이 됐어요."

하소연이 주저리주저리 나왔다.

"딸아이에게 짜장면 하나 제대로 사 주지 못하는 인간, 왜 사니?"

도망가고 싶었다. 이런 비참한 상황 속에서 벗어나고 싶었다.

말씀이 숨어 버린 시대에, 엘리야는 악한 왕 아합에게 하나님의 말씀을 선포하고, 아합왕을 피해 그릿 시냇가로 숨는다. 그릿 시냇가에서 엘리야는 까마귀들이 가져다준 떡과 고기를 먹으며 허기를 달랜다.

나는 가만히 엘리야가 숨어 지내던 그 그릿 시냇가로 가 본다. 아무도 없는 적막한 그곳에서 까마귀들이 떨어뜨린 떡과 고기를 먹는 엘리야의 모습을 응시해 본다. 까마귀 주둥이에서 떨어진 떡과 고기는 틀림

없이 흙도 묻어 있고, 까마귀의 타액도 묻어 있었을 것이다. 두렵지만 떡과 고기를 탈탈 털며 먹었을 엘리야….

오랫동안 비가 오지 않자, 그릿 시냇가도 더 이상 물을 주지 못한다. 엘리야 또한 하나님이 머물게 하신 그곳에서 도망가고 싶지 않았을까? 나 역시 하나님이 머물게 하신 그 자리가 버거워 도망가고 싶을 때가 한두 번이 아니었다.

『천로역정』에는 격정이와 인내가 나온다. 격정이는 기다리지 못하고, 당장 이 땅의 물질에만 마음을 두고 살아가는 현세의 인간을 의미한다. 내세에는 관심을 두지 않는 자다. 반면 인내는 끝까지 인내하며 아버지의 유업을 유산으로 받게 된다. 격정이와 같이 이 세상 것에 욕심을 내는 것보다, 인내처럼 장차 다가올 영광을 기다리는 것이 더욱 지혜로운 것임을 알게 되는 장면이다.

하나님이 낮추시고 계획하신 자리에서 이탈하는 것이 아니라, 낮아진 자리에서 하나님을 의지해 그 터널을 다 통과할 때까지 오직 말씀만을 붙잡고 그 길을 꿋꿋하게 걸어가자고 다짐해 본다.

> 생각하건대 현재의 고난은 장차 우리에게 나타날 영광과 비교할 수 없도다(롬 8:18).

이제는 중학생이 된 의인이가 웃으며 말한다.

"아빠, 저 어렸을 때 작은 소원이 있었어요."

"뭐였는데?"

"짜장면 먹을 때 아무거나 다 사 주는 우리 아빠가 되었으면 좋겠다는 생각을 했어요. 그런데 이제 크니까 탕수육 별로예요. 기름이 많아서 먹으면 얼굴에 뾰루지가 나는 것 같아요. 하하….'

나는 의인이의 얼굴을 보며 그때의 일을 웃음으로 넘겨 본다. 조금은 상처가 되었겠지만, 의인이의 마음을 하나님 아버지께서 만지셨으리라. 아빠인 나의 뒷모습 속에서, 고난은 장차 나타날 영광과 비교할 수 없음을 배웠으면 하는 바람이다.

인내를 온전히 이루라 이는 너희로 온전하고 구비하여 조금도 부족함이 없게 하려 함이라(약 1:4).

인내는 연단을, 연단은 소망을 이루는 줄 앎이로다(롬 5:4).

나는 꿈에서 두 사람이 걸어가다가 어떤 나라로 들어가는 것을 보았는데 그 땅의 공기는 거기에 들어가는 사람에게 저절로 졸음이 오게 했다. 소망도 이곳에서 몸이 굉장히 나른하고 무거워지기 시작해 잠이 왔다. 소망이 크리스천에게 말했다.

소망 : 난 정말이지 자꾸 잠이 쏟아져 조금이라도 눈 뜨고 있을 수가 없을 지경입니다. 여기 누워 잠깐 잡시다.

크리스천 : 절대로 안 될 말이오. 잠들면 우리는 다시 깨어나지 못해요.

26

갑자기 생긴 일
마법의 땅

뜻밖의 바이러스로 지구가 몸살을 앓고 있다. 연일 이어지는 뉴스는 새 소식을 알리지만 어둠만 뿜어낼 뿐이다. 말과 말이 이어져 '우리'를 만들어 내는 소통은 마스크 뒤에 숨어 버렸고, 함께 잡아야 할 손과 손이 세정제 냄새로 가득하다. 길거리에 가득했던 사람들의 발걸음 소리도 어디론가 숨어 버렸고, 스쳐 지나가는 사람들은 의심의 눈초리가 가득하다. 얼마 전만 해도 꿈을 담은 사람들로 가득했던 공항은 인기척조차 없을 정도로 조용하더니 항공사가 이내 문을 닫는다.

힘도 없는 미세한 바이러스가 거대한 인간 세계를 바꾸고 있다. 안개 속을 걷는 듯 사람들은 우왕좌왕이다. 어디가 길인가? 인간 만사 새옹지마, 인생에 있어서 길흉화복은 항상 바뀌어 미리 헤아릴 수가 없다고 하지만, 하나님의 주권이 닿지 않은 곳은 없다. 지나간 역사 속에서 땅에 창궐한 전염병과 자연재해와 전쟁 속에서도 인간은 질경이처럼 살아남았다. 이번에도 그럴 것이다. 인간의 운명은 생명을 위협하는 전염병과 자연재해와 전쟁에 의해 결정되는 것이 아니다. 인간의 운명은 하나님이 결정하신다.

> 너희가 도리어 말하기를 주의 뜻이면 우리가 살기도 하고 이것이나 저것을 하리라 할 것이거늘(약 4:15).

야고보서에 기록된 것처럼, 우리는 하나님의 뜻에 따라 살기도 하고 죽기도 한다는 것이다. 그러나 우리는 연일 쏟아져 나오는 뉴스와 정보에 눌려 뒤뚱거리며 어둠이 드리운 길을 한 발짝, 한 발짝 내디딘다. 마치 우리의 운명이 우리의 발걸음에 달린 것처럼 말이다.

하나님은 "너희는 인생을 의지하지 말라 그의 호흡은 코에 있나니 셈할 가치가 어디 있느냐"(사 2:22)라고 말씀하시지만, 여전히 내디딘 발걸음에 인생의 무게를 싣는다.

크리스천과 소망은 여러 난관을 극복하고 마법의 땅이라는 곳에 이르게 된다. 그 땅의 공기는 졸음이 오게 했다. 소망은 크리스천에게 잠깐 잠을 자고 순례의 길을 가자고 권하지만, 크리스천은 목자들이 알려준, 마법의 땅에서 조심하라고 한 말을 생각하며 소망에게 졸음을 막도록 이야기를 나누며 가자고 제안한다.

세계보건기구(WHO)는 '전염병의 대유행'이라는 뜻에서 팬데믹을 선포했다. 한국은 마스크를 착용하지 않으면 불법이 되어 버렸다. 마스크 너머에 있는 또 다른 세상을 살아가는 현실이 마치 마법의 땅을 걷는 듯하다. 언제 끝날지 모르는 현실이 미래를 잡아먹는 듯하다.

바이러스가 빌딩 문을 닫게 하고, 따뜻한 커피 한 잔에 수다를 풀어 놓았던 카페는 빈 의자들로 가득하다. 사람들은 비대면 속 점점 고립된 생활로 고적하게 지나가는 시간을 바라볼 뿐이다.

여러 난관이 생각 속으로 헤집고 들어와 둥지를 틀고 그해 겨울을 난다. 홍수처럼 밀려드는 문제 앞에 잠에서 깨어날 힘이 없다. 너무 오래 잠을 잔 탓일까? 성급히 해결책을 쏟아 놓지만, 이미 코로나19 전부터 영적 잠을 잤던 우리는 말씀으로 현실을 읽어 낼 능력이 없다. 하나님 앞에 잠잠히 앉아 그분을 기다릴 힘이 없고, 하나님을 향한 애통함이 없다.

"왜 하나님은 코로나19를 허락하셨을까? 코로나19를 통해 무엇을 하기 원하실까?"

눈에 보이지도 않는 미세한 바이러스가 이렇게 말하는 것 같다.

"너희 인간들, 이제 끝장이다!"

협박하며 짓밟으려 하지만, 만물의 영장인 인간이 어찌 가만히 있을 수 있더냐?

"네가 그렇게 뿔이 난 채로 덤벼들지만, 우리는 하늘 가는 길에 너를 잠깐 만났을 뿐이다. 우리는 여전히 하나님의 통치 아래 있다!"

더러워진 몸을 씻고, 덥수룩한 수염을 깎고, 말끔한 옷을 입은 후 의인이와 함께 말씀이 흘러나오는 영상 앞에 또 앉는다. 영상예배가 일상이 된 요즘이다. 예전에는 마음만 먹으면 교회 문을 열고 예배당 의자에 앉아 말씀을 꼴딱꼴딱 받아먹을 수 있었는데….

그때는 내가 누구인지도 잘 모르면서 나 스스로를 참 신자라고 여겼다. 그런 나에게 큰 우렛소리가 들리는 듯하다.

"넌 누구냐? 너는 하나님을 경외하는 자이더냐?"

군중 속에 있을 때는 참 신자처럼 보이지만, 방 안에서는 형편없이 허물어지는 헌신 없는 예배자…. 이런 내 모습에 고개를 떨굴 뿐이다.

바이러스가 교회 문을 닫게 한 것 같지만, 하나님 허락 없이는 절대 닫지 못한다. 나라를 잃고 먼 나라로 잡혀가 포로로 살던 이들이 입에서 입으로 전한 노래가 이젠 나의 노래가 된다.

우리가 바벨론의 여러 강변 거기에 앉아서 시온을 기억하며 울었도다
(시 137:1).

안개가 자욱한 마법의 땅을 지나는 듯한 이 시간이 마치 눈이 뽑힌 채로 블레셋의 옥에 갇혀 맷돌을 돌리고 있는 삼손과 같은 고난의 시간일지도 모른다. 그러나 어두운 옥에서 맷돌을 돌리던 삼손이 머리가 다시 자라 힘을 되찾고 블레셋과 싸운 것처럼, 천성을 향해 걸어가는 순례자들도 다시 힘을 얻어 강력한 주의 군사로 발돋움하리라 확신해 본다.

그의 머리털이 밀린 후에 다시 자라기 시작하니라(삿 16:22).

이제 당신은 마귀가 방해하는데도 불구하고 불길이 더욱더 뜨겁게 타오르는 이유를 알게 될 것입니다. 해석자는 크리스천을 벽의 뒤쪽으로 데리고 갔다. 거기에서 크리스천은 한 사람이 역시 손에 기름 항아리를 들고 계속해서 몰래 기름을 불에 퍼붓고 있는 것을 보았다.

크리스천 : 이것은 무엇을 뜻합니까?

해석자 : 이분은 바로 그리스도이십니다.

27

아직, 끝나지 않았다
불을 보존하시는 은혜

    2019년 2월 어느 날이었다. 택배 알림 문자와 함께 현관문 벨 소리가 들렸다.
    "띵동, 띵동."
    현관문을 열자 문 앞에는 출판사에서 보내온 『만화로 읽는 천로역정』 초판본이 도착해 있었다. 택배 상자를 보며 의인이가 물었다.
    "아빠, 정말 아빠 이름으로 된 만화책이 들어 있는 거야?"
    "응!"
    상자를 개봉하자 의인이는 환호했다.
    "와, 정말 아빠가 그린 만화가 책으로 묶여 있네. 신기하다."
    의인이의 목소리에는 기쁨과 설렘이 가득했다. 아마도 6년 동안 고생한 아빠의 모습을 가까이에서 바라본 터라 기쁨이 더한 듯했다.

인쇄된 각 권을 펼쳐 새 책 특유의 잉크 냄새를 맡으며 내 방으로 들어왔다. 감격스러운 마음을 뒤로한 채, 오타나 부족한 부분은 없는지 훑어보았다. 책을 한 장, 한 장 넘길 때마다 지나간 시절이 주마등처럼 지나갔다. 한여름 더위를 이기기 위해 대야에 발을 담그고 책상에 지독히 앉아 그림을 그렸던 시간, 한겨울 벽 사이로 스며드는 차가운 웃풍을 이기기 위해 두꺼운 조끼에 두꺼운 바지를 입고 밤을 지새우던 시간…. 눈물과 기쁨이 어우러진 지난 시간이 나의 눈시울을 적셨다. 방에서 조용히 울면서 책을 보고 있는데, 의인이가 방으로 들어왔다.

"아빠, 『천로역정』 책이 출간됐는데, 오늘 가정예배를 특별예배로 드리면 어떨까요?"

"어떻게?"

"제가 소품을 준비할게요."

잠시 후 의인이는 종이 위에 "경축 『만화로 읽는 천로역정』 출시 기념예배"라는 문구를 써서 가랜드를 만들어 왔다. 나는 활짝 웃으며 의인이와 함께 거실 식탁 맞은편 책장에 가랜드를 걸었다.

저녁이 되어 아내가 퇴근해 집으로 돌아왔다. 아내는 가랜드를 보더니 책이 온 것을 알고 말했다.

"어, 책 왔구나. 어디 있어? 나도 빨리 보고 싶다."

책을 건네주자 아내는 책을 가슴에 안고 말했다.

"여보, 『천로역정』 만드느라 너무 고생 많았어. 책을 보니까 정말 감격스럽다. 하나님이 정말 당신을 끝까지 완주하도록 이끌어 주셨네. 감사하다."

저녁을 먹고 우리 가족은 식탁에 둘러앉아 가정예배를 드렸다. 찬송가를 부르고, 성경 말씀을 읽고, 기도는 평소 돌아가면서 하지만, 이날 기도 당번은 특별히 나로 정했다. 온 식구가 『만화로 읽는 천로역정』 책 위에 손을 얹고 기도했다.

"하나님, 믿음이 없거나 믿음을 잃은 자들에게 이 책이 꼭 쓰임 받게 해 주세요. 이 책을 읽고 본향을 진정으로 사모하는 순례자들이 더 많이 나오게 해 주세요."

나는 『만화로 읽는 천로역정』의 주 독자층을 청장년층으로 예상했다. 그러나 예상과는 달리 독자층이 다양했고, 특별히 다음 세대 어린이들이 많이 읽었다.

책이 출간되고 나니 생각지도 못한 일들이 일어나기 시작했다. TV, 라디오, 신문… 여러 기독교 매스컴에서 방송 출연과 인터뷰 요청이 쇄도하기 시작했다. 말하는 것이 서툰 나에게 삶을 나누는 자리도 마련되었다.

이렇게 바쁜 일상을 보내고 있을 때, 『천로역정』을 너무나 사랑하시는 한 목사님을 가평 필그림하우스에서 만나게 되었다. 목사님이 나에게 말씀하셨다.

"최 작가님, 『천로역정』 1부는 세계 수많은 언어로 번역되었고, 만화로도 많이 만들어져 있어요. 그런데 『천로역정』 2부를 만화화한 작가는 아직 없어요. 만약 최 작가님이 만드신다면 세계 최초일 것입니다."

나는 목사님 말씀에 대꾸 없이 웃으며 가만히 듣고만 있었다. 나는 속으로 생각했다.

'내게 있는 것을 다 들여 1부를 만들었는데, 이제 무슨 재원으로 2부를 만들겠어?'

이런 내 생각을 읽으신 듯 목사님이 말씀을 이어 가셨다.

"최 집사님, 『천로역정』 1부는 집사님이 헌신해서 만들었다면, 2부는 하나님이 주시는 것으로 만들면 돼요."

집으로 돌아오는 길에 『천로역정』 2부를 정말 작업할 수 있을지 고민에 빠졌다. 사실 무거운 마음이 나를 사로잡았다. 2부 또한 방대한 작업이다. 큰 영적 전쟁이 기다리고 있을 것이 자명하다.

"이 땅에서 『천로역정』을 그리는 것이 역시 내 사명인가 보다. 하나님 아버지께서 시키시면 해야지…."

이렇게 마음을 다잡아 보지만, 여전히 막연한 두려움이 나를 누르고 있었다. 그때 한 통의 메일을 받았다. 그 메일에는 영상까지 첨부되어 있었다.

"이게 뭐지? 한번 열어 보자."

메일의 내용은 이러했다. 집회에 참석하지 못하신 한 권사님이 책을 구매해 초등학교 5학년 손주에게 선물로 주셨는데, 손주가 책을 읽는 내내 눈물을 흘리며 기도하더라는 것이다. 그 모습을 보고 감동과 감사의 마음을 전하고자 메일을 보내신 것이었다. "제 손주가 집사님께

전하고 싶은 마음을 영상으로 전달합니다."라는 글귀와 함께 영상까지 첨부되어 있었다. 그 영상 내용을 아래에 적어 본다.

"저한테 이 책을 주셔서 감사합니다. 처음에는 이 책이 보통 책일 거라고 생각했는데, 보다 보니 너무 감동적이었어요. 그런데 그 주인공이랑 제가 다를 바 없다는 생각에 제 모습을 뉘우치고 있어요. 작가님이 이 영상을 보실 것을 생각하며 인터뷰를 이만 마치겠습니다."

아이의 눈물의 영상이 내 가슴에 불을 지폈다. 영상을 보는 내내 코끝이 찡했다. 다음 세대에 천성을 향해 걸어가는 순례자들이 이렇게 나온다면 무엇인들 못하겠는가? 더 깊은 묵상을 담은 『천로역정』 2부로 순례자가 되기로 결심한 분들에게 보답하고자 다짐해 본다.

『천로역정』 1부만 읽고 이런 말을 하는 사람들이 있다.

"주인공이 참 이기적이다. 처자식 다 버리고 혼자만 구원을 받는다는 게 기독교인가?"

나는 말한다. 『천로역정』 2부를 읽어 보지 못해서 그런 말을 하는 것이라고…. 『천로역정』 1부는 개인의 구원 여정에 중점을 두고 서술됐다면, 『천로역정』 2부는 개인의 구원이 아닌 교회 공동체가 천성에 이르는 여정을 다루고 있다. 2부에서는 크리스천의 아내 크리스티아나가 네 아들, 그리고 자비심이라는 젊은 처녀와 함께 순례 길에 오른다. 뿔라의 땅에 이를 때쯤에는 일행이 16명이 된다. 오늘날로 치면 교회 연합의 중요성을 보여 주는 것이라고 생각한다.

연약한 지체와 믿음이 강한 지체가 어우러져 서로 끌어 주고 밀어 주며 함께 천성을 향해 가듯, 많은 교파와 교단의 담이 무너지고 바른 진리 안에서 서로 끌어 주며 함께 걷는다면 얼마나 아름다울까.

천성을 향해 가는 순례의 여정 속에서 마귀는 수많은 공격으로 우리의 심령 안에 있는 은혜의 불을 끄려고 한다. 하지만 심령의 불이 꺼지지 않도록 끊임없이 은혜의 기름을 부어 주시는 예수님을 믿으며, 나는 이 길을 또다시 걸어간다.

아직 나의 『천로역정』은 끝나지 않았다. 『천로역정』 2부를 마치는 날, 존 번연 목사님이 나에게 이렇게 말씀하시지 않을까?

"최 작가, 이 작품을 만화화하느라 고생이 많았네."

여호와께서 내 음성과 내 간구를 들으시므로 내가 그를 사랑하는도다
그의 귀를 내게 기울이셨으므로 내가 평생에 기도하리로다(시 116:1-2).

 나는 꿈에서 빛나는 옷을 입은 사람이 순례자들에게 문 앞에서 소리쳐 부르라고 하는 것을 보았다. 순례자들이 소리쳐 부르자 문 위에서 몇몇 사람들이 문밖을 내다보았다. 그들은 에녹과 모세와 엘리야와 같은 사람들이었는데 그 사람들에게 다음과 같은 말이 전해졌다.
 "이 사람들은 이곳의 왕을 사랑하는 마음을 품고서 멸망의 도시에서 온 순례자들입니다."

28

걷고 또 걸으면
천성

한 해가 지나간다. 또 지나간다. 사실 하나님 아버지 집에 갈 날이 한 해 빨라진 것이다. 천성을 바라보는 믿음의 사람들은 날 계수함이 이래야 하는데 생각뿐이다. 신속히 날아가는 세월을 안타까워하며 더 가져야 할 것들과 더 이루어야 할 것들에 온 정신을 쏟는다. 그것들이 연신 인생을 바쁘게 만든다.

세상의 것들에 배고픈데 어떻게 바쁘지 않을 수 있을까? 허기를 채우려고 입안 가득 쑤셔 넣지만, 여전히 배고프고 불편하다. 주위를 둘러볼 겨를도 없이 바쁜 일상이 인생을 갉아먹고 건강을 해친다. 아차 싶을 땐 이미 광야의 길을 걷고 있을 때다. 그러나 광야의 시간은 저주의 시간이 아니다. 하나님을 대면하는 시간이자, 뼈저린 회개의 자리로 옮겨지는 시간이다.

아가서 술람미 여인의 고백이 내 심중에 들어와 오열했다.

너희가 내 사랑하는 자를 만나거든 내가 사랑하므로 병이 났다고 하려무나(아 5:8).

"아버지, 뵙고 싶습니다."
걷잡을 수 없이 힘든 광야의 세월이 추억이 되었고, 그리움이 되어 버렸다. 고개를 들어 하늘을 바라보는 시간이 광야의 시간이었다. 그러나 광야에는 아름다운 오아시스가 숨겨져 있다. 위험한 지경에서 건지시는 하나님의 말씀이 광야 사막의 오아시스다.

그가 그의 말씀을 보내어 그들을 고치시고 위험한 지경에서 건지시는도다(시 107:20).

아무것도 가져갈 수 없는 나그네 인생길에서 돌아갈 본향이 없다면, 덧없어 보이는 이 땅의 삶에 영원한 하늘이 약속되어 있지 않다면 이것보다 슬픈 일이 어디 있겠는가. 우리에게는 분명히 돌아갈 본향이 있다. 하나님이 우리를 따뜻한 음성으로 부르실 날이 있다.
"가자, 하늘 집에 가야지."

초등학교 시절이었다. 학교에서 수업을 마치고 집으로 돌아올 때면 책가방을 마루에 던져 놓고 집 앞 공터로 달려 나가기 바빴다. 동네 친구들과 놀기 위해서였다. 우리는 모두 놀이에 조금이라도 늦을까 봐 안달이 나 있었다. 딱지치기, 오징어 놀이, 망 까기, 땅따먹기 놀이…. 뭐가 그렇게 즐거운지 머리를 맞대고 낄낄대기 바빴다.

우리 집 창고에는 딱지가 가마니로 쌓여 있었다.

"형, 오늘도 따야 달짝지근한 엿과 바꿔 먹을 수 있지!"

씩씩거리며 딱지를 다 따고 나면, 땅에 풀썩 주저앉아 땅따먹기 놀이에 여념 없었다. 그렇게 땅따먹기 놀이에 푹 빠져 시간 가는 줄도 모르고 놀다 보면 땅거미가 졌다.

어스레한 저녁때가 되면 친구들의 어머니들이 나오셔서 놀이 삼매경에 빠진 아이들을 한두 명씩 데리고 들어가셨다. 그중에 한 친구는 영토 확장을 더 하겠다고 버티다가 귀가 잡혀 끌려가기도 했고, 어머니의 애타는 부름에 못내 아쉬운 얼굴로 집으로 돌아가는 친구도 있었다. 하지만 나는 땅을 좀 더 넓혀 보겠다는 욕심으로 쉽게 자리를 뜨지 못했다. 그때 공터 담장 너머에서 어머니의 목소리가 들려왔다.

"철규야, 밥 먹어라!"

결국 나도 하던 것을 모두 멈추고 어머니가 차려 주신 저녁을 먹기 위해 집으로 돌아간 기억이 지금도 생생하다.

언젠가 하나님이 하늘나라 본향에 가자고 우리를 부르시는 순간이 올 것이다.

"철규야, 집에 가자!"

집 나간 탕자를 기다리듯 하나님은 오매불망 우리를 기다리고 계신다.

인생은 유한하다. 그 인생에 망각이 찾아들곤 한다. 불꽃같은 삶의 열기가 영원할 것처럼 타오르지만, 땅은 그 열기를 삼켜 버릴 것이다. 이 땅의 삶이 저 하늘을 준비하는 삶이 되도록 마음을 다잡아 본다. 이것이 구원받은 백성의 자세다.

이 땅은 잠깐 머물다 가는 여행길이다. 불편함이 가득한 여행일지라도 돌아갈 집이 있기에 즐길 수 있다. 즐거운 여행에 탐욕이 들어올 자리는 없다. 탐욕과 여행은 맞지 않는다. 이 땅에서 탐욕을 부리는 것은 잠깐 여행 온 하늘 백성하고는 어울리지 않는다.

여행길을 가다 보면 고난이 그림자처럼 따라붙는다. 고난을 슬그머니 구겨서 뒷주머니에 넣고 싶지만, 우리 자신을 보게 하는 고난은 꼭 맞닥뜨려야 할 좋은 친구다. 천성에 이를 때까지 고난은 함께 갈 것이다. 간혹 그 친구가 손에 쥐고 있는 천성에 들어갈 수 있는 증명서를 훔쳐 가려 하지만 사실 더 꼭 쥐게 만든다.

언젠가 천성 문 앞에 이르면 천성에 들어갈 수 있는 증명서를 자신 있게 펼쳐 보일 것이다.

"여기 있습니다."

천성 문이 열리고 성안으로 들어가는 나를 보고 고난의 친구는 영원히 이별을 고할 것이다.

처음 가는 길이라 사람들은 죽음의 길을 무서워한다. 하지만 모든 믿음의 선조가 갔던 길이다. 이 땅에서는 거울을 보듯 희미하게 주를 뵙지만, 그때에는 얼굴과 얼굴을 마주하여 볼 것이다. 하나님이 우리를 아신 것같이 우리도 온전히 하나님을 알게 될 것이다.

   나는 그날을 기다린다. 그날을 향하여 이곳에서 걷고 또 걸을 것이다. 그때까지 하나님 눈에는 나만 보일 것이다.

> 우리가 지금은 거울로 보는 것같이 희미하나 그때에는 얼굴과 얼굴을 대하여 볼 것이요 지금은 내가 부분적으로 아나 그때에는 주께서 나를 아신 것같이 내가 온전히 알리라(고전 13:12).

나가는 글

존 번연 박물관에서
날아 온 메일

2019년 5월, 미국에서 한 통의 메일이 왔다. 어느 한국계 미국인 선교사님이 『만화로 읽는 천로역정』을 영국 베드포드에 있는 '존 번연 박물관'에 대리 헌서하고 싶다는 내용이었다. 두 달 후 그 선교사님을 수원 광교에서 만나 책을 건네 드렸다. 『만화로 읽는 천로역정』은 그렇게 선교사님의 손에 들려 존 번연의 고향 영국으로 날아갔고, 그해 8월 27일 존 번연 박물관에 헌서되었다. 존 번연 박물관에는 각 나라 말로 번역된 여러 종의 『천로역정』이 있는데, 그곳에 내 책이 거하게 된 것이다.

존 번연은 영원하지 않은 것을 버리는 데 주저함이 없었다. 하나님은 나 또한 영원하지 않은 것을 내려놓길 원하셨으며, 고난 속에 숨겨 놓은 하늘의 보화를 얻도록 나를 이끌어 가셨다. 존 번연의 글을 담아내도록 나의 삶을 인도

하신 것이다.

거대한 파도가 그의 삶을 삼킬 듯 달려들지라도 하나님 앞에서 정결한 양심을 지키기 위해 감옥살이를 선택한 존 번연의 고백을 사랑한다.

『만화로 읽는 천로역정』이 전시되고 있는 존 번연 박물관

내가 내 양심을 난도질해서 푸줏간에 팔아먹지 않는 한, 틀림없이 어떤 이들이 바라는 바대로 내 눈을 뽑아내고 맹인에게 길 안내를 받지 않는 한, 나는 전능하신 하나님을 나의 도움이자 방패로 삼아 만일 이 연약한 목숨이 끊어지지 않고 오래 지속된다 해도 내 믿음과 원칙을 저버리느니 차라리 내 눈썹에서 이끼가 자랄 때까지 고난을 받기로 결심했다.

한낱 연약한 인간의 입술을 통해 이 위대한 고백을 쏟아 내게 하신 하나님을 나는 불같이 사랑한다.

사명선언문

너희가 흠이 없고 순전하여……세상에서 그들 가운데 빛들로
나타내며 생명의 말씀을 밝혀 _ 빌 2:15-16

1. 생명을 담겠습니다
만드는 책에 주님 주신 생명을 담겠습니다.
그 책으로 복음을 선포하겠습니다.

2. 말씀을 밝히겠습니다
생명의 근본은 말씀입니다.
말씀을 밝혀 성도와 교회의 성장을 돕겠습니다.

3. 빛이 되겠습니다
시대와 영혼의 어두움을 밝혀 주님 앞으로 이끄는
빛이 되는 책을 만들겠습니다.

4. 순전히 행하겠습니다
책을 만들고 전하는 일과 경영하는 일에 부끄러움이 없는
정직함으로 행하겠습니다.

5. 끝까지 전파하겠습니다
모든 사람에게, 땅 끝까지, 주님 오시는 그날까지
복음을 전하는 사명을 다하겠습니다.

서점 안내

광화문점	서울시 종로구 새문안로 69 구세군회관 1층 02)737-2288 / 02)737-4623(F)
강남점	서울시 서초구 신반포로 177 반포쇼핑타운 3동 2층 02)595-1211 / 02)595-3549(F)
구로점	서울시 동작구 시흥대로 602, 3층 302호 02)858-8744 / 02)838-0653(F)
노원점	서울시 노원구 동일로 1366 삼봉빌딩 지하 1층 02)938-7979 / 02)3391-6169(F)
분당점	경기도 성남시 분당구 황새울로 315 대현빌딩 3층 031)707-5566 / 031)707-4999(F)
일산점	경기도 고양시 일산서구 중앙로 1391 레이크타운 지하 1층 031)916-8787 / 031)916-8788(F)
의정부점	경기도 의정부시 청사로47번길 12 성산타워 3층 031)845-0600 / 031)852-6930(F)
인터넷서점	www.lifebook.co.kr